Kerstin Klappstein · Du bist klasse!

Kerstin Klappstein

Du bist klasse!

Kinder stark machen

Resilienzförderung im Kindergarten

© 2007 Neukirchener Verlagshaus
Verlagsgesellschaft des Erziehungsvereins mbH, Neukirchen-Vluyn
www.nvg-medien.de
Titelgestaltung: Hartmut Namislow unter Verwendung einer Abbildung von
© Yvonne-Bogdanski – Fotolia.com
Satz: Breklumer Print-Service, Breklum
Druck: Fuck Druck, Koblenz
Printed in Germany
ISBN 978-3-7975-0188-2
Best.-Nr.: 600 188

Danksagung

Viele Menschen haben mich in vielfältiger Weise unterstützt und dazu beigetragen, dass aus einigen Ideen und Gedanken wirklich ein Buch entstehen konnte. Dafür möchte ich mich hier bedanken. Danke meinen Freundinnen Mechthild Ebert für ihr pädagogisches, kindgerechtes Gespür, und Nicole „Nici" Schwäbe für die vielen Gedankenanstöße unter dem Motto „Was ich schon immer mal über Jesus wissen wollte." Danke der besten Nachbarin von allen, Frau D´Souza, für die erste Korrekturlesung und den Hinweis „Denken Sie immer an ihre Kernaussage." Danke dem Menschen, der mir so ähnlich sieht und doch so anders ist, meiner Schwester Siegrid, für die abschließende Rechtschreibprüfung. Danke, Linda, für die Namensnutzung und die Beschreibungen aus Kindertagen. Ein großes Dankeschön an meine Familie, Carolin und Nils, für eure kreativen Ideen und Torsten, für die antreibenden Kräfte in meinem Rücken, aber ganz besonders für die vielen lustigen, kuscheligen, traurigen, manchmal skurrilen, aber immer verbindenden Ereignisse der letzten 15 Jahre, die uns stark (resilient) durch die besondere Kraft unseres Gottes gemacht haben.
Zuletzt ein Dankeschön an Detlef (Prof. Dr. Detlef Krüger) für die Möglichkeit, mich in der Hochschule für angewandte Wissenschaft in Hamburg mit dem Thema Resilienzforschung zu beschäftigen. Vieles ist anders gekommen, als wir geplant haben und so hoffe ich, es gefällt dir, was ich aus unserer gemeinsamen Forschungsidee gemacht habe.

Inhaltsverzeichnis

Einführung

Kindheit in Deutschland/Gesundheitliche Situation der Kinder in Deutschland

Wenn man mit Kindern arbeitet, kann man was erleben! Kinder sind erfrischend ehrlich, ansteckend fröhlich und manchmal fürchterlich anstrengend. Und trotzdem ist es eine bereichernde Tätigkeit, Kinder auf ihrem Weg zu begleiten, sie aufwachsen zu sehen und daran beteiligt zu sein, dass aus ihnen verantwortungsvolle Erwachsene werden. Diese Aufgabe zu erfüllen ist sehr herausfordernd, besonders in Anbetracht der vielen gesundheitlichen und psychischen Belastungen mit denen sich Kinder auseinandersetzen müssen. Zu den Problemen gehören laut einer Untersuchung der Weltgesundheitsorganisation (WHO-Jugendgesundheitssurvey) neben einer zunehmenden Tendenz zu chronischen Erkrankungen der Bereich der psychosozialen und psychosomatischen Auffälligkeiten, wie z. B. Kopfschmerzen, Schlafstörungen, Nervosität, emotionale Probleme, Verhaltensprobleme, Hyperaktivität und Probleme mit Gleichaltrigen (Hurrelmann, 2001).

Nur 20% der im WHO-Jugendgesundheitssurvey befragten Schüler haben eine hohe generalisierte, d. h. in allen Situationen wirksame, Selbstwirksamkeit, der überwiegende Teil berichtet von einer durchschnittlichen Selbstwirksamkeitserwartung. Das heißt, die Schüler gehen davon aus, dass ihr eigenes Handeln nichts bewirken kann. Das Gefühl nichts verändern und gestalten zu können, geht bei vielen Jugendlichen mit einem verringerten psychischen Wohlbefinden und einer geringeren Lebenszufriedenheit einher. Nach dem Motto: „Was hat das Leben für einen Sinn, ich kann eh nichts ändern!?" Eine besondere Häufung dieser Probleme bei Kindern aus armen Familien und die steigende Zahl von

Kindern unter sieben Jahren, die von Sozialhilfe leben, werden in verschiedenen Untersuchungen herausgestellt (vgl. Altgeld, 2003; Holz/Skoluda, 2003; Meyer-Nürnberger, 2002; Robert-Koch-Institut, 2001; Freie und Hansestadt Hamburg, 2001). Diese Untersuchungen machen neben den materiellen Sorgen der Familien auch die innere Not der Kinder und ihrer Eltern deutlich.

Was macht unsere Kinder stark? – Viele Worte für ein Ziel?

Eine breite Fachöffentlichkeit diskutiert über förderliche und schädliche Einflüsse und Faktoren auf unsere Kinder. Je nach Fachrichtung, ob Pädagogen, Psychologen, Soziologen, Ärzte oder Gesundheitswissenschaftler, werden verschiedene Begrifflichkeiten entwickelt, die in ihren einzelnen Ausprägungen und deren praktischer Relevanz durchaus Unterschiede aufweisen, aber in ihrem oberen Ziel das gleiche verfolgen, Kindern eine Kindheit zu ermöglichen, die sie stark und gesund bleiben/werden lässt.
Im Laufe meiner beruflichen Tätigkeit habe ich mich immer wieder mit Aspekten beschäftigt, die Familien und besonders die Kinder beeinflussen sowohl zum Guten/Gesundheitsförderlichen wie auch zum Schlechten/Krankmachenden. In der Forschung wird auf verschiedenen Bühnen/Fachgebieten diskutiert, geforscht und entwickelt wie es gelingen kann, dass Kinder sich in unserer Gesellschaft zu eigenständigen, kompetenten und selbstbewussten Menschen entwickeln. Zwei Begriffe, die im Folgenden näher erläutert werden, sind mir dabei besonders wichtig: die Resilienzforschung und Aspekte der Salutogenese.
Im Laufe der Zeit wurden mir in diesem Zusammenhang immer mehr Parallelen zwischen der Botschaft der Bibel und der aktuellen Forschung bewusst. So soll es in diesem Buch darum gehen, den Kindern und deren Eltern den Starkmachenden (resilienten) Charakter der Bibel näher zu bringen. Bevor ich allerdings auf die Aussagen der Bibel eingehe, möchte ich wesentliche Begriffe der Entwicklungsförderung erläutern:

Salutogenese

Wortschöpfung aus *Salus* (lat.): Unverletztheit, Heil, Glück und *Genese* (griech.): Entstehung, Entstehung des Heils, und des Glücks.
Das salutogenetische Konzept gehört zu den Grundgedanken der Gesundheitsförderung und hat die in unserem Land (auch heute noch) verbreitete krankheitsbezogene (pathogene) Sichtweise auf den Menschen hin zu dem gesundheitsbezogenen Blickfeld gerichtet. Der amerikanisch-israelitische Medizinsoziologe Aaron Antonowsky, der Begründer des salutogenetischen Gedankens, hat im Zusammenhang mit seinen Studien im Bereich der Stressforschung interessante Entdeckungen gemacht. Während einer israelischen Studie zum Thema Wechseljahrsbeschwerden hat er viele Frauen untersucht, die den Holocaust überlebt haben. Im Gespräch mit den Frauen stellte er fest, dass es Frauen gab, die an den Ereignissen zerbrochen waren und andere, die trotz allem ein zufriedenes, erfülltes und gesundes Leben führten. Die Fragen, die sich für Antonowsky ergaben, waren:
Warum bleiben Menschen gesund?
Wie schaffen sie es, sich wieder von Erkrankungen/kritischen Lebensereignissen zu erholen?
Was ist das Besondere an Menschen, die trotz extremster Belastungen nicht krank werden?
Einen wesentlichen Aspekt, um sich gesund zu entwickeln, hat Antonowsky in der Grundhaltung des Menschen gesehen, die Welt als zusammenhängend und sinnvoll zu erleben. Er entwickelte daraus den Kohärenzsinn (Zusammenhang, Stimmigkeit oder auch Sense of coherence, SOC), dieser setzt sich nach seiner Ansicht aus drei Komponenten zusammen.

Gefühl von Verstehbarkeit
(sense of comprehensibility)
Dieser Aspekt beschreibt die Erwartung bzw. Fähigkeit von Menschen, Einflüsse, auch unbekannte, als geordnete und strukturierte Informationen verarbeiten zu können und nicht mit Reizen konfrontiert zu sein bzw. zu werden, die chaotisch, willkürlich, zufällig und unerklärlich sind.

„Ich weiß, Krokodile leben nur im Wasser, nicht unter meinem Bett"

Gefühl von Handhabbarkeit bzw. Bewältigbarkeit
(sense of manageability)
Hier ist die Überzeugung eines Menschen gemeint, dass Schwierigkeiten lösbar sind, dass man geeignete Ressourcen zur Verfügung hat, um den Anforderungen zu begegnen. Hier geht es nicht nur darum, über eigene Ressourcen und Kompetenzen zu verfügen. Auch der Glaube daran, dass andere Personen oder eine höhere Macht dabei helfen können, ist damit gemeint.
„Mama hat gesagt, Krokodile leben nur im Wasser, nicht unter meinem Bett, und wenn ich trotzdem Angst habe, rufe ich sie."
Ein Mensch dem diese Überzeugung fehlt, gleicht dem ewigen Pechvogel, der sich immer wieder schrecklichen Ereignissen ausgeliefert sieht, ohne etwas dagegen unternehmen zu können.

Gefühl von Sinnhaftigkeit bzw. Bedeutsamkeit
(sense of meaningsfulness)
Diese Dimension beschreibt das Ausmaß, in dem das Leben als sinnvoll empfunden wird. Dass wenigstens einige der vom Leben gestellten Probleme und Anforderungen es wert sind, dass man Energie in sie investiert, dass man sich für sie einsetzt und sich ihnen verpflichtet, dass sie eher willkommene Herausforderungen sind als Lasten, die man gerne los wäre. Antonowsky sieht diese Komponente als die Wichtigste an. Ohne die Erfahrung von Sinnhaftigkeit und ohne positive Erwartungen an das Leben ergibt sich trotz einer hohen Ausprägung der anderen beiden Komponenten kein hoher Wert des gesamten Kohärenzgefühls. Ein Mensch ohne Erleben von Sinnhaftigkeit wird das Leben in allen Bereichen nur als Last empfinden und jede weitere sich stellende Aufgabe als zusätzliche Qual.
„Mama hat gesagt, Krokodile leben nur im Wasser (Verstehbarkeit), nicht unter meinem Bett, und wenn ich trotzdem Angst habe, rufe ich sie (Handhabbarkeit). Wie gut, dass ich Mama habe (Sinnhaftigkeit)."

Der Grundgedanke der Salutogenese, die Entstehung von Glück und Heil, schließt schlechte, schmerzhafte und krankmachende Erlebnisse nicht aus. Antonowsky sah das Leben als ständigen, nie ganz erfolgreichen Kampf hin zu der gesunden, glücklichen Seite des Lebens, also als ein ständiges Bemühen, die Waage der Erfahrungen ausgeglichen zu halten. Der positive Pol ist die Möglichkeit, Lebenserfahrungen zu machen, die das SOC stärken. Am negativen Pol stehen Erfahrungen, die es schwächen.

SOC

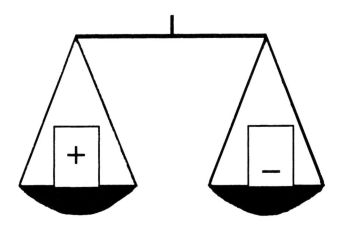

Die Erlebniswelt der Kinder ist geprägt von dem Lernen aus Erfahrungen, z. B. die scheinbar kausalen, direkten Zusammenhänge zwischen dem Schreien nach Mama und der daraufhin angebotenen Mutterbrust, dem Hinfallen und Weinen und dem tröstenden Papa, dem Kuchenduft und dem Erscheinen der Oma, dem Anlächeln und dem Zurücklächeln. Irgendwann werden diese Erfahrungen vielschichtiger und die Reaktionen auf eine Aktion des Kindes sind nicht nur positiv und wohlwollend.

Wie aber gelingt es, Kinder zu unterstützen aus Erfahrungen zu lernen, Ressourcen zu entwickeln und nutzbar zu machen für spätere Ereignisse? Wie wird das Leben verstehbar, handhabbar und sinnhaft?

Resilienzförderung (Widerstand, Widerstandsfähigkeit)

Eine Antwort auf die vorangegangenen Fragen finden wir in dem Begriff der Resilienzförderung. Den Begriff Resilienz finden wir in vielen verschiedenen Bereichen wie z. B. in der Physik und Technik. Resilienz, wie es in der Pädagogik verwendet wird, meint die Widerstandsfähigkeit gegen die Belastungen des Lebens. Ein resilientes Kind ist also ein Kind, das gelernt hat, Belastungen als Herausforderungen zu sehen, sie als sinnvoll zu erleben. Hier sehen wir die Überschneidung zur Salutogenese. In der Arbeit mit Kindern stellen wir fest, dass es Kinder gibt, die eine angeborene Widerstandsfähigkeit und positive Einstellung zum Leben haben. Sie gehen wie Ronja Räubertochter in den Wald des Lebens und stellen sich den Herausforderungen, wenn sie kommen („Und hüte dich vor den Donnerdrommeln." „Wie erkenne ich diese?" „Das siehst du dann schon."), oder halten das Unmögliche für möglich wie Pippi Langstrumpf.

Das, was sich so selbstverständlich bei einigen Kindern zeigt, wird wesentlich von drei Faktoren geprägt:

- *Biologische Faktoren*, wie z. B. das Temperament und das Geschlecht, wobei sich Mädchen in der Regel resilienter/widerstandsfähiger entwickeln als Jungs.
- *Psychologische/physiologische Faktoren* wie die Intelligenz, Konstitution eines Kindes.
- *Soziokulturelle Resilienz* wie Wohnverhältnisse, sozioökonomischer Status, Erziehungsvorstellungen der Eltern.

Nicht jedes selbstbewusste Kind kann danach als resilient bezeichnet werden. Eine Vorrausetzung für das Phänomen Resilienz ist das Vorhandensein von Schwierigkeiten, welche das Kind in besonderer Weise bewältigt. Die Schwierigkeiten, denen Kindern begegnen, beginnen hier schon bei grundlegenden Fertigkeiten, z. B. das Schuhe anziehen. Wenn die Kinder morgens in ihre Kindergartengruppen kommen, werden sie höchstwahrscheinlich alle Schuhe anhaben. Aber es gibt hier schon große Unterschiede. Ein Kind, das die Schuhe selbst binden oder anziehen kann, wird wahrscheinlich den eigenen Willen dazu gehabt haben, der von den Eltern unterstützt wurde. Die so erworbene Fertigkeit verleiht dem Kind das Bewusstsein, etwas selbst bewältigt zu haben. Es wird selbstbewusst! Wenn das Kind es geschafft hat, allein die Schuhe zu binden, wird es sich zutrauen, auch andere Dinge allein zu tun. So werden Voraussetzungen geschaffen, die das Kind widerstandsfähiger gegen die Belastungen und Herausforderungen des Lebens machen. Fähigkeiten, die für Kinder förderlich sind, nennt man Basiskompetenzen.

Basiskompetenzen
- *Selbstbewusstsein* sowie ein positives Selbstkonzept und das Gefühl der Selbstwirksamkeit
- *Selbstvertrauen,* auch die Fähigkeit der Selbstregulation
- *Problemlösefähigkeit,* z. B. auch die Fähigkeit, anpassungsfähig zu sein im Umgang mit Belastungen oder sich distanzieren können, wenn die Reize überhand nehmen
- *Experimentierfreudigkeit,* mit einer intrinsischen (aus sich herauskommenden) Motivation kreativ Lösungen entwickeln
- *Eigenständigkeit,* sich entscheiden können und im Sinne eines Selbstmanagements auch organisieren können
- *Konzentrationsfähigkeit* und die Fähigkeit, konstruktiv zu denken
- *Kommunikationsfähigkeit,* mit der Fähigkeit, Konflikte gewaltlos zu bewältigen

Besonders eingehen möchte ich auf die Aspekte „Selbstbewusstsein" und „Selbstvertrauen". Hinweise auf die Entwicklungsmöglichkeiten von Selbstbewusstsein und Selbstvertrauen finden wir schon in den Bedeutungen dieser Begrifflichkeiten. Damit Kinder Selbstbewusstsein entwickeln können, müssen sie sich ihres „Selbst bewusst sein". Viele Aspekte spielen dabei eine Rolle; wie sie z. B. den eigenen Körper spüren und das Wissen, dass es der eigene Körper ist, der Grenzen hat, der Angenehmes und Unangenehmes spüren kann, der gepflegt und umsorgt werden will, damit er „funktioniert". Kuscheln, Streicheln, Massieren, aber auch Toben und Balgen sind wichtige Erfahrungen, die den Kindern ermöglichen, ihren Körper erfahrbar zu machen. Resilienzfördernd wird diese Art des Selbstbewusstseins, wenn die Übertragung von der rein körperlichen Ebene in die kognitive, intellektuelle Ebene gelingt. Die Körperlichkeit steht in enger Verknüpfung mit der intellektuellen Wahrnehmung des eigenen Selbst. Die Größe dieser Entwicklung wird deutlich, wenn z. B. ein Kind zum ersten Mal von sich als „ich" spricht. Wo sonst der Name eingesetzt wurde, steht nun diese kleine Persönlichkeit und nimmt Bedürfnisse, Ängste, Freude usw. als etwas Eigenes wahr.

In unserer Alltagssprache finden wir viele Beispiele dafür, was Selbstbewusstsein bedeuten kann, z. B. „mit beiden Beinen im Leben stehen" oder „die trägt ihr Herz auf der Zunge". Beide Sätze veranschaulichen die Bedeutung des körperlichen Empfindens (wenn ich mit beiden Beinen fest stehe, kann mich nichts so schnell umwerfen) und der kognitiven Bewertung (mit beiden Beinen im Leben stehen, bedeutet zu wissen, was man will). Das Herz auf der Zunge zu tragen verdeutlicht die Fähigkeit, Gefühle kognitiv für sich zu deuten und auszudrücken. Das bewusste Empfinden und Wahrnehmen seines Selbst ist dann auch die Voraussetzung für die Entwicklung des Selbstvertrauens.

Dass es wichtig für Kinder ist, die o. g. Basiskompetenzen zu entwickeln, ist unbestritten. Erzieherinnen und Erzieher können dem Kind auf vielfältige Art und Weise dabei helfen.

Erzieherinnen und Erzieher sollten dem Kind helfen,
- ihre eigenen Fertigkeiten und die daraus resultierenden Interessen und Hobbys zu entwickeln,
- soziale Fertigkeiten zu entwickeln und diese als Orientierung einzusetzen,
- Verantwortung für sich und andere zu übernehmen,
- Bewältigungsstrategien zu entwickeln,
- sich Ziele zu setzen und zu erreichen,
- sich auf Veränderungen einstellen zu können,
- eine bedeutungsvolle Grundeinstellung (Glaubenssätze) zu entwickeln,
- Struktur, Erziehung und gute Beispiele zu erfahren.

Resilienz und Religion

„Ein Bauer säte auf seinem Feld Getreide aus. Dabei fielen einige Körner auf den Feldweg. Sie wurden zertreten und von den Vögeln aufgepickt. Andere Körner fielen auf felsigen Boden. Sie gingen auf, aber weil es nicht feucht genug war, vertrockneten sie. Einige Samenkörner fielen zwischen die Disteln, in denen die junge Saat bald erstickte. Die übrigen Körner fielen auf guten Boden. Das Getreide wuchs heran, und der Bauer brachte eine reiche Ernte ein."
Lukas 8,5-8

Als kleines Mädchen waren für mich die Geschichten der Bibel ständige Begleiter. Ich freute mich mit den Hirten auf dem Felde, ich war begeistert von dem mutigen 12jährigen Jesus, ich war sprachlos über die ganzen Wunder, die er getan hatte, litt Höllenqualen am Karfreitag und jubelte am Ostersonntag. Dass Jesus real ist, war und ist für mich etwas ganz Alltägliches. Niemals hätte ich diese Tatsache hinterfragt. In meiner Umwelt sah ich Menschen, die ganz anders als Jesus waren, wütend, gewalttätig, gemein und manchmal sehr schwach. Ich sah Menschen, die fasteten und beteten, aber auch Menschen, die Gott verfluchten und schlimme Dinge taten. Aber waren die Menschen, mit denen sich Jesus umgab, nicht genauso? Da gab es Heuchler, Verräter, Kriminelle und von der Gesellschaft Geächtete und trotzdem gab sich Jesus mit ihnen ab. Es gab Menschen, die durch Jesus über ihre Kräfte hinauswuchsen und andere, die verzweifelt weggingen. Die Bibel beschreibt also Menschenschicksale, wie wir sie auch heute noch finden. Die Bibel ist voll von Geschichten von Menschen, die schwach waren und die Gott mit einer besonderen Stärke ausgestattet hat. Unter dem Motto „Der Herr ist in den Schwachen mächtig" können wir subsumieren, was die derzeitige Forschung und Entwicklung für unsere Kinder möchte.

Die Salutogenese spricht von Verstehbarkeit, Handhabbarkeit und Sinnhaftigkeit, die Resilienzforschung von Basiskompetenzen, die Bibel von Nächstenliebe, Vertrauen und bedingungsloser Liebe.

Allen Ansätzen gleich ist die Wichtigkeit von Bindung und die Erkenntnis, dass frühe Erfahrungen tiefe Wurzeln im Sinne von Ressourcen, Beziehungen und Netzwerken wachsen lassen. Sehr bekannt ist die biblische Erzählung aus Matthäus 19,4, in der Eltern ihre Kinder zu Jesus bringen wollen und von den Jüngern daran gehindert werden. Doch Jesus sagt: „Lasst die Kinder zu mir kommen und hindert sie nicht, denn für Menschen wie sie ist das Reich Gottes bestimmt."

Aus der Neurobiologie wissen wir, dass es Kindern nicht anders geht als dem o. g. Samenkorn. Um tiefe, starke aber auch weit verzweigte Wurzeln entwickeln zu können, brauchen sie feste Bezugspersonen, ein gutes Fundament und gute Pflege. Zunächst wird dies nur durch Mutter und Vater eingetragen, dann aber immer mehr auch durch unterschiedliche Menschen mit verschiedenen Fähigkeiten, Vorstellungen und Begabungen. Ein afrikanisches Sprichwort sagt: „Um ein Kind richtig zu erziehen, braucht man ein ganzes Dorf." Das heißt, dass die dörfliche Gemeinschaft dem Kind vielfältige Anregungen bietet und immer wieder vor neue Herausforderungen stellt. So hat das Gehirn die Möglichkeit, sich vielfältig zu verschalten und zu vernetzen und sowohl tiefe als auch breite Wurzeln zu entwickeln.

Die Bibel und der christliche Glaube bieten Kindern genau diese Vielfältigkeit. Wo zu Beginn einer religiösen Entwicklung Gott die Rolle des Phantasiebegleiters annimmt und unsichtbar und treu dem Kind zur Seite steht, kann mit zunehmender Auseinandersetzung ein eigenes Gottesbild entstehen. Je nach dem, ob Kinder in ihrer Umwelt Menschen erleben, die sich mit ihnen im wahrsten Sinne des Wortes über „Gott und die Welt" auseinandersetzen.

Als Erzieherinnen und Erzieher haben Sie viele Möglichkeiten, das Wurzelwachstum anzuregen. Lassen sie den Kindern die Möglichkeit, sich selbst Gedanken zu machen über das, was Gott tut, welche Rolle Jesus spielt und was Christsein ausmacht. Resilienzfördernd wird es in dem Moment, in dem die Kinder Neues aufneh-

men, eigene Erfahrungen einbringen, sich austauschen und ausprobieren, immer mit der Sicherheit im Rücken, dass Sie als Erzieherin oder Erzieher als Hilfe/Ressource dabei sind. Die Herausforderung, als Erwachsener resilienzunterstützend tätig zu sein, besteht in der Balance zwischen Eingreifen und Gewähren lassen.
Beispiel: Alle Kinder basteln einen Schmetterling zum Muttertag. Wenn ich möchte, dass alle Schmetterlinge gleich schön sind, greife ich womöglich zu früh ein. Wenn ich sehe, dass ein Kind es genauso schön haben will wie die Vorlage, kann ich gezielter, je nach dem, welche Fragen und Bedürfnisse das Kind äußert, eingreifen. Das Ergebnis ist wahrscheinlich identisch (ich habe dem Kind beim Basteln geholfen), aber im zweiten Fall gebe ich dem Kind Entscheidungs- und damit Entwicklungsmöglichkeiten.

Frühe Förderung

Warum ist nun aber eine Förderung schon im Kindergartenalter so wichtig? Wissenschaftliche Untersuchungen haben gezeigt, dass eine Förderung der Kinder, gerade wenn sich Auffälligkeiten zeigen, möglichst frühzeitig angegangen werden sollte. Bis zum Schuleintrittsalter haben sich viele Verhaltensmuster bereits verfestigt, daher ist es sinnvoll, die Kompetenzen, vor allem Selbstvertrauen und Selbstwirksamkeit, möglichst frühzeitig zu erlernen, da diese in einer Wechselwirkung zur Lernkompetenz stehen (Fthenakis, 2003). Ein weiterer Grund, der für die frühe Förderung spricht, ist, dass das Kind im Alter von drei bis vier Jahren ein deutlich auf Leistung ausgerichtetes Verhalten entwickelt. Bereits mit dreieinhalb Jahren zeigen gesunde Kinder alle Merkmale des Wetteiferverhaltens und sind in der Lage, ihre Leistungen mit denen anderer Kinder zu vergleichen. Der Vergleich mit anderen Kindern führt dazu, dass das Kind versucht, eine Aufgabe schneller und besser zu erledigen als das andere Kind. Leistungen werden als Gütemaßstab eingesetzt und das Kind will die eigenen Handlungen daran messen. Im Alter von dreieinhalb Jahren sind Kinder zunehmend in der Lage, Erfolg und Misserfolg ihrer eigenen Person zuzuschreiben. Dies macht deutlich, wie wichtig es ist, dem Kind Gelegenheit zu geben, Selbstständigkeit zu entwickeln. Die Gelegenheit etwas zu tun, was es eigentlich noch nicht kann und die Bestätigung der Initiative, es zu wagen und auszuprobieren, helfen dem Kind, sich gesund zu entwickeln. Entwicklungspsychologisch betrachtet ist es wichtig, diesen Drang nicht zu unterdrücken, sondern zu fördern. Eine weitere wichtige entwicklungspsychologische Erkenntnis für die Kindergartenzeit ist die Tatsache, dass in den ersten Jahren (besonders in den ersten fünf Jahren) eine schnelle Entwicklung der Intelligenz stattfindet und die Umgebung einen großen Einfluss darauf hat und somit die Startchancen u. a. in der Schule mit beeinflussen.

Mit Resi Resilienz fördern

Resi ist ein kleines Mädchen, das, wie alle Kinder, mehr oder weniger in den Tag hineinlebt und versucht, ihre kleine Welt zu begreifen. Feste Größen in Resis Leben sind ihre Mutter und die abendlichen Gespräche und Gebete. Die Geschichten und kreativen Ideen dieses Buches sind darauf ausgelegt, die Kinder und die Erzieherinnen und Erzieher ins Denken und Handeln zu bringen. Resi liefert keine fertigen, theologisch einwandfreien Auslegungen, sondern gibt Einblicke in ihre kindlichen Gedanken und Lebenserfahrungen.

Aufbau der Resi- Einheiten

Resi ist in Projekteinheiten gegliedert. In welchen Abständen Sie die Einheiten in Ihrer Einrichtung durchführen, ist nicht starr vorgegeben. Da die Kinder aber zwischen den Einheiten Gelegenheit zur Anwendung haben sollen, ist ein monatlicher Rhythmus günstig. Ein größerer Abstand würde die vorhergehenden Inhalte zu sehr in Vergessenheit geraten lassen. Die Einheiten folgen einer einfachen Struktur:

Neues aufnehmen

Für die Erzieherinnen/Erzieher
Die erste Seite jeder Einheit wird zur thematischen Einführung für die durchführenden Erzieherinnen und Erzieher genutzt:
- Welches Thema soll besprochen werden?
- Welche Bibelstellen stehen hierfür im Vordergrund?
- Welcher Resilienzgedanke steht im Vordergrund?

Da Kinder, wie Sie es in ihrem Erzieheralltag bestimmt häufig erleben, neugierige Fragen stellen, ist diese Einführung sehr wichtig, um die eigenen Gedanken, Meinungen und Erfahrungen zu ordnen. In der darauf folgenden Geschichte für die Kinder werden immer nur einzelne Aspekte herausgegriffen. Die persönlichen Fragen können dafür genutzt werden, die eigene Resilienz und ihre eigenen Ressourcen zu überprüfen

Für die Kinder
Der Start für die Kinder in jede Einheit ist eine Handpuppengeschichte mit Resi. Resi erzählt aus ihrem Leben, stellt neugierige Fragen und möchte so mit den Kindern in Kontakt treten und eine Beziehung aufbauen. Das Aussehen der Person Resi ist ganz bewusst offen gelassen worden, somit kann jede Handpuppe, ob gekauft oder aus einer Socke selbst hergestellt, genutzt werden.

Eigene Erfahrungen einbringen

In der Arbeit mit Handpuppen fällt mir immer wieder auf, dass Kinder ihre eigene Zeit brauchen um sich zu öffnen. Nicht, weil Kinder es albern finden, mit einer Handpuppe zu reden, das ist eher ein Erwachsenenproblem, sondern weil der Aufbau von Beziehungen sehr vom Temperament des Kindes abhängt. Beachten sie diese Unterschiedlichkeit der Kontaktaufnahme der Kinder. Manches schüchterne Kind braucht vielleicht etwas Zeit mit Resi allein, z. B. könnte Resi dieses Kind zum Essen begleiten oder eine Nacht bei ihm übernachten. Bei den vorlauten Kindern sollten die Erzieherinnen und Erzieher durch Resis Mund durchaus in der Lage sein, diese zu begrenzen und dem Kind Selbstregulation (siehe Basiskompetenzen) nahe zu bringen. Hier macht es Sinn, die Geschichten durch den Puppenspieler sinnvoll zu ergänzen und sich nicht stur an den Text zu halten. Sie brauchen den Text der Geschichte nicht auswendig können. Lesen Sie die Geschichte vorher durch, dann sollten Sie gut vorbereitet sein. Stellen Sie sich einen Notenständer o. Ä. so hin, dass Sie gut lesen und trotzdem die Puppe führen können. Die Puppe könnte z. B. die Füße über den Notenständer hängen lassen. Machen Sie beim Lesen unbedingt immer wieder kleine Pausen, in denen Sie die Kinder anschauen können um Reaktionen zu bemerken und darauf eingehen zu können. Am besten ist es, wenn eine zweite betreuende Person dabei ist und sich ggf. in die Geschichte einmischt, z. B. „Schau mal Resi, ich glaube, die Marie will etwas sagen, aber traut sich nicht." Da es darum geht, die Erfahrungen und Meinungen der Kinder zu erfassen und aufzugreifen, kann es manchmal sinnvoll sein, die Fragen zu erweitern. Die Kinder bekommen auf jeden Fall immer wieder die Möglichkeit sich selbst einzubringen. Die Meinungen und Erfahrungen der Kinder sind gefragt.

Austauschen und ausprobieren

Im Anschluss an die Geschichte finden sie kreative Anregungen, wie Spiele, Bastelideen usw., die den Resilienzgedanken vertiefen sollen. Es kann natürlich auch passieren, dass sich etwas völlig anderes aus der Geschichte entwickelt, je nach dem, welche Fragen sich für die Kinder ergeben oder welche Ereignisse aktuell gerade eine Rolle spielen. Die Entstehung von eigenen Themen und Fragen ist ein Zeichen *für* Resilienzentwicklung und sollte unbedingt verfolgt werden. In der ersten Geschichte erzählt Resi beispielsweise von ihrem Lieblingsversteck und ihrem früheren Zuhause, aus dem sie gerade ausgezogen ist und es geht eher darum, was die Kinder gut finden und was nicht. Diese Geschichte könnte aber auch Sorgen und Nöte der Kinder hervorrufen, wenn sich z. B. ein Kind versteckt, weil es Angst hat.
Die Projektidee ist eine Anregung zum Thema über einen längeren

Zeitraum, das kann eine Woche sein, aber auch kürzer oder länger. Für manche Aufgaben ist hier die Einbeziehung der Eltern sinnvoll, dazu finden Sie immer wieder Hinweise an den jeweiligen Stellen. Alle Anregungen, vor allem wenn es durch die Kinder geschieht, dürfen und sollen kreativ aufgenommen werden. Im Vordergrund steht das Ausprobieren, Austauschen und Erfahrungen machen.

Praxisbausteine
für den Kindergarten

Resi kommt

Resilienzgedanke: **Ich bin klasse!**

Biblischer Bezug: **Psalm 139,13-17**

Einführende Gedanken

Kinder kennen sich mit Veränderungen aus. Dies gilt zumindest für die meisten Kinder. Die gewohnte Nachbarschaft wird verlassen, der gewohnte Freundeskreis verändert sich. Die Abläufe im Alltag werden durcheinander geworfen, die Familienstruktur verschiebt sich. Die meisten Kinder reagieren zwar neugierig, aber auch verunsichert auf Veränderungen. Zuweilen ist die Verunsicherung so stark, dass das gesamte Selbstkonzept des Kindes ins Wanken gerät. Was hilft in Zeiten der Veränderung und Verunsicherung? Unbedingte Annahme, Zuspruch und Versicherung helfen, insbesondere von den Menschen, die dem Kind nahe stehen. „Du bist klasse!" – das soll den Kindern vermittelt werden. Es ist nicht das, was die Kinder können und leisten, das ihnen den Zuspruch „Du bist klasse!" einträgt. Es ist die Tatsache, dass sie gewollte und geliebte Individuen sind. Gut und notwendig ist es, dass dieser Zuspruch von den Eltern kommt. Sicher ist, dass dieser Zuspruch von Gott kommt. Der biblische Bezug aus Psalm 139,13-17 lässt sich als unantastbarer Zuspruch für die Kinder umformulieren: „Du bist ein gewolltes Kind. Du bist ein geliebtes Kind. Ich, Gott, der Schöpfer des Himmels und der Erde, habe dich, genau dich, sorgfältig geschaffen. Du bist mir von Anfang an wichtig gewesen. Dir gilt meine Begleitung in jeder Lebenssituation. Du bist klasse!"

Dieser unantastbare Zuspruch Gottes für jedes Kind (jeden Menschen) vermittelt sich dem Kind auch und vor allem durch die Menschen seiner Umgebung. Unbedingte Annahme, Zuspruch und Versicherung sollten deshalb den Umgang mit den Kindern im Kindergarten prägen.

Eine Erfahrung der Verunsicherung durch Veränderung macht Resi. Für Resi bedeuten der Umzug aus der alten Wohnung und der Abschied von allem Altgewohnten einen großen Einschnitt. Ihr Leben ändert sich mit dem Umzug radikal, verlässt sie doch alles, was sie seit ihrer Geburt kennt. Es wird dem Zuhörer nicht klar, warum Resi umziehen musste, denn das weiß sie nicht so genau. Viele Kinder werden es kennen, wie es ist, wenn sich etwas verändert, da wird ein Geschwisterkind geboren, der Lieblingsschlafteddy verschwindet spurlos, ein Familienangehöriger erkrankt oder stirbt, Mama und Papa lassen sich scheiden, der beste Freund zieht weg usw. Unabhängig davon, wie nichtig oder wichtig für uns diese Erlebnisse sind, für die Kinder bedeuten sie vielleicht das erste Mal in ihrem Leben Verluste zu ertragen, anzunehmen und bewältigen zu müssen.

Resi geht in der ersten Geschichte nicht auf ihre Verlustgefühle ein, sondern erzählt von ihrem früheren Zuhause und den Dingen die sie mag. Die Auseinandersetzung mit dem, was war, wie die schöne Wohnung und den Freunden, hilft Resi dabei, sich auf das einzustellen, was danach kommt, z. B. das kleinere Zimmer oder das Suchen neuer Freunde. Der Blick zurück ermöglicht erst den freien Blick nach vorne. Das Vergangene mit dem Guten und dem Schlechten wird nicht vergessen, sondern gewürdigt und in die neue Situation übernommen.

Resi möchte von sich erzählen, denn sie denkt gerne an ihr früheres Zuhause zurück, möchte aber auch von den Kindern viel erfahren, sie sucht nach Parallelen, ähnlichen Erfahrungen und somit nach Verbündeten.

Vorbereitende Fragen

Die folgenden Fragen sollen Ihnen helfen, sich auf das Thema und die Kinder einzustellen. Sie wissen am besten, ob und welches

Kind gerade mit dem Thema der Geschichte beschäftigt ist. Die eher unverfänglichen Fragen nach dem Zuhause der Kinder und dem abendlichen Ritual können für Kinder belastend sein, wenn sich in diesen Situationen gerade Nöte auftun, z. B. durch eine besondere Wohnsituation (Frauenhaus, Heimunterbringung usw.) oder veränderte Arbeitszeiten der Eltern, die das gewohnte Abendritual nicht mehr zulassen. Aber genau das meint Resilienzförderung, die Nöte der Kinder wahrnehmen, aufgreifen und mit ihnen zusammen Ressourcen sammeln.

Gruppensituation:

Welche Kinder sind in Ihrer Gruppe im Moment von Verlusterlebnissen betroffen?
Wissen Sie, wie die Erwachsenen in der unmittelbaren Kindesumgebung mit dem Verlust umgehen?
Die Kinder bekommen die Aufgabe, ihr Zuhause darzustellen. Gibt es Kinder in Ihrer Gruppe die damit Schwierigkeiten haben könnten, weil sie vielleicht unter ungeklärten Umständen leben?

Persönliche Fragen:

Kennen Sie solche Verlusterlebnisse?
Wissen Sie noch, wie Sie sich dabei gefühlt haben?
Was/Wer hat Ihnen geholfen?
Was war das Besondere an Ihrem Zuhause?
Wie hat es ausgesehen?

Handpuppengeschichte: Resi kommt

Hallo Kinder! Ich bin Resi und gerade erst hier hergezogen. Ich finde es sehr schön bei euch. Im Moment kenne ich hier ja noch niemanden, aber ich könnte euch ja hin und wieder mal besuchen kommen. *Wie heißt ihr denn alle?*
Ich gehe schon ganz lange in einen Kindergarten, ich bin nämlich

schon fünf Jahre alt. Mein alter Kindergarten war auch so toll wie eurer, da gab es eine große Rutsche, die mochte ich besonders gerne. Manchmal bin ich mit meinem Freund Marvin zusammen runtergerutscht. Das durften wir aber eigentlich nicht. Die Erzieherinnen haben immer gesagt, zu zweit rutschen ist zu gefährlich, da könnte man sich wehtun und so. Da haben wir es natürlich nicht mehr gemacht. Nur manchmal, wenn keiner geguckt hat.

Habt ihr auch eine Rutsche? Womit spielt ihr denn am liebsten, wenn ihr draußen seid?

Nun kann ich nicht mehr in meinen Kindergarten gehen. Wir sind ja umgezogen.

Eigentlich wollte ich gar nicht umziehen. Ich finde Umziehen doof! *Seid ihr auch schon mal umgezogen?* In meiner früheren Straße kannte ich alles, jeden Baum, jedes Haus, jedes Versteck und davon gab es ganz viele. Mein Lieblingsversteck war – kommt mal dichter, das kann ich nicht so laut sagen- unter der alten Trauerweide auf der großen Wiese vor unserem Haus. Die war riesig und ganz schief gewachsen. Unter den dicken Zweigen konnte man dann super Höhlen bauen. Meine Freundin Marie und ich haben immer gespielt, dass der Höhlenbaum unser Zuhause ist. Wir haben Decken über die herunterhängenden Zweige gelegt, so konnten wir sogar bei Regen dort spielen. Manchmal haben wir alle unsere Zootiere von Playmobil aufgebaut. Ich habe ganz viele davon. In meinem Zoo gibt es Löwen, Giraffen, Pandabären und Katzen. Katzen mag ich am allerliebsten. Die sind so schön kuschelig. *Habt ihr auch Lieblingsverstecke?*

Ich habe hier noch keinen neuen Höhlenbaum gefunden. Na ja, es ist nun alles neu. Mein Zimmer sieht ganz anders aus. Früher hatte ich einen rosa Tisch mit rosa Stühlen, die hat Papa mal für mich angemalt. In mein neues Zimmer passt der Tisch mit den Stühlen nicht mehr rein. Alles ist anders geworden. Wisst ihr, was mir aber gerade einfällt? Es hat sich viel verändert seitdem ich umgezogen bin, aber eine Sache hat sich nicht verändert. Ganz egal, in welchem Bett ich schlafe, Mama kommt abends immer noch zu mir und betet mit mir. *Habt ihr das auch schon mal gemacht?* Wir sagen dann Gott alles, was am Tag los war und Mama bittet Gott dann immer noch darum, dass ich gut schlafen kann. Unser Gebet geht dann so:

> „In der langen dunklen Nacht,
> habe du, Gott, auf mich acht,
> schütze alle, die ich lieb,
> alles Böse mir vergib,
> kommt der helle Sonnenschein,
> lass mich wieder fröhlich sein. Amen!"

Kennt ihr Gott? Ich bin froh darüber, dass ich Gott kenne und vor allem, dass Gott mich kennt. Der kennt mich schon mein ganzes Leben lang. *Wen kennt ihr denn schon euer ganzes Leben lang?* Ach, ich finde es toll, dass ich bei euch sein darf und es gibt so viele Dinge, die wir zusammen entdecken können. Ich freu mich schon auf das nächste Mal. Bis bald!

Spiele

Steckbrief gestalten

Da die Kinder ja noch nicht lesen und schreiben können, benötigen sie etwas Unterstützung. Die Linien werden von den Erzieherinnen ausgefüllt und die Kästchen von den Kindern, darin kann man das Entsprechende malen oder reinkleben, z. B. Bilder aus Spielzeugkatalogen und Fotos. Die Kinder können hier frei gestalten.
Elterntipp: Der Steckbrief kann auch im Rahmen eines Elternnachmittags mit den Eltern und Kindern gemeinsam gestaltet werden.

Steckbrief
Name: _____

Lieblingsfarbe: _____

Lieblingsspiel: _____

Mein bester Freund/
Freundin heißt: _____

Skalenspiel

Material: Zahlen von 1-10 (je eine Zahl auf einem postkarten-
großen Papier, zur Wiederverwendung einlaminieren), Kreppkle-
beband
Ablauf: Mit dem Klebeband wird eine Linie durch den Gruppenraum geklebt. An einem Ende ist die Zahl 1 am anderen Ende die
Zahl 10, die anderen Zahlen werden entsprechend auf der Klebe-
band- Skala verteilt. Die Zahl 10 bedeutet immer „super gut!", die
Zahl 1 bedeutet „gar nicht". Die Erzieherin stellt die jeweiligen Fragen und die Kinder ordnen sich entsprechend zu.
Wie gerne mögt ihr   Nutella?

                                  Regenwetter?

                                  Schwimmen gehen?

                                  Weihnachten oder Ostern?

                                  eure Geschwister?

                                  Puppen?

                                  Feuerwehrautos?

                                  ins Bett gehen?

                                  Aufstehen?

                                  Zähneputzen?

Kleine Kinder neigen dazu, nur die Extreme zu wählen, durch ge-
zielte Fragen erlernen sie es mit der Zeit zu differenzieren, z. B ein
Kind ordnet sich bei der Frage „Wie gerne magst du Nutella?" bei
der Zahl 1 ein. Sie als betreuende Person wissen aber, dass das Kind
manchmal Nutella isst. Nun können sie durch gezieltes Fragen
Näheres erfahren:„Letztens hast du doch erzählt, dass du bei Oma
immer Nutella isst. Wie gerne magst du es bei Oma und warum ist
es dort anders als zu Hause?" usw.
Ziel dieses Spiels ist es, die Meinung der Kinder wichtig zu nehmen
und ihnen klar zu machen, dass es nicht nur „gut" oder „schlecht"
gibt, sondern vieles, was dazwischen liegt. Wenn die Kinder diese
Skala kennen, kann sie im Alltag immer wieder eingebaut werden,
als morgendliches Ritual (Wie geht es mir heute? 1= ganz schlecht,
10= super gut), als Emotionsmessgerät (Ich bin wütend! Wie wü-

tend bist du denn? 1=nur ein wenig, 10= richtig doll). Ein Kind, das seine Wut bei Zahl 5 einordnet, kann evtl. noch selbst Lösungen finden. Ist es bei Zahl 10 sollten sie als Erzieherin eine Lösung finden, z. B. mit dem Kind rausgehen.

Variante: Jedes Kind sucht sich einen Partner. Fragestellung: Was meinst du, wie gerne mag dein Partner z. B. Erdbeereis? Hier dürfen die Kinder zeigen, wie gut sie sich untereinander kennen und ob sie schon in der Lage sind, zu differenzieren.

Wie ist Gott?

Die Kinder tragen ihr Wissen über Gott zusammen und überlegen, was sie noch von ihm wissen möchten. Die entstehenden Fragen können gesammelt und beantwortet werden (ggf. kundig machen und die Frage bei einer nächsten Gelegenheit noch einmal aufgreifen). Wenn die Kinder mögen, können sie ein Bild von Gott malen (damit machen sie sich kein Bildnis im Sinne der Zehn Gebote). Die Kinder können aufgefordert werden, die Fragen auch im häuslichen Rahmen zu stellen.

Portraitmalen

Die Kinder malen sich gegenseitig auf kindergroßem Malpapier (z. B. Tapete), genau schauen auf Augen-, Haar- und Hautfarbe, Besonderheiten.

Kinder-Wohnprojekt

Wie sieht es bei euch zu Hause aus? Jedes Kind baut sein Zimmer (Möbel, Spielsachen, Farbe der Wände usw.) in einem Schuhkarton nach: Materialien: Pappkisten, Streichholzschachteln u. Ä., Tapeten/Stoffreste. Wenn alle Kinder fertig sind, wird das Wohnprojekt eröffnet und jedes Kind darf den anderen sein Zimmer vorstellen. *Gemeinsame „Hausgestaltung":* Wie sieht es aus, wo Gott wohnt?

Unterstützende Erzieherfragen

- Wie und von wem wirst du ins Bett gebracht?
- Singt die Mama/ der Papa noch ein Lied (darf natürlich gerne vorgesungen werden).
- Wer weckt dich morgens?
- Dürfen die anderen Geschwister ins Zimmer?
- Wie teilt ihr euch die Spielsachen?
- Wer räumt denn bei dir auf?

Resi und der Überraschungstag

Resilienzgedanke: **Ich habe etwas gegen Traurigkeit.**
Biblischer Bezug: **Johannes 16,33, Matthäus 28,20b**

Einführende Gedanken

Kinder sind Experten in Sachen Traurigkeit und Fröhlichkeit. Ein Blick über den Frühstückstisch und die Stimmung des Kindes verändert sich schlagartig. Die Augen weit offen, der Mund zur Flunsch gezogen, dann ein lautes Schluchzen und dicke Kullertränen laufen die Wangen herunter. Die fürsorglichen Fragen der Eltern, was denn wohl passiert wäre und ob es sich denn wehgetan hätte, können unter dem großen Schmerz nicht sofort beantwortet werden. Dabei ist es doch aus der Sicht des Kindes so offensichtlich: Die selbstgemachte Erdbeermarmelade steht nicht auf dem Tisch! Das bedeutet: Wo keine Marmelade ist, ist auch kein Marmeladenbrot. Der Hinweis der Eltern „Ach, Schatz, warum sagst du denn nicht einfach, dass du die Marmelade möchtest?", ist einfach gesagt, aber für Kinder enorm schwierig umzusetzen. Es bedeutet nicht nur, die richtigen Worte für die eigenen Wünsche zu haben, sondern Emotionen, Worte und logisches Denken miteinander zu verbinden. Die in der Einleitung genannten Wurzeln und Verbindungen (Synapsen) im Gehirn müssen erst gebildet werden, die dem Kind den direkten Zusammenhang zwischen der fehlenden Marmelade und der Frage nach derselben liefern. Um sich resilient zu entwickeln, brauchen Kinder Erfahrungen und Vorbilder, z. B. dass ihre Traurigkeit etwas bewirkt und dass es viele Möglichkeiten gibt, damit umzugehen.

Wenn wir ehrlich sind, geht es uns Erwachsenen oft so wie dem Kind, das traurig über die verschwundene Marmelade ist. Wir sind vielleicht traurig, weil unser Arbeitsplatz unsicher ist oder weil uns jemand verletzt hat usw. Die genannten Verse aus dem Neuen Testament eröffnen uns einen Weg, mit der Traurigkeit umzugehen. Jesus, der Sohn Gottes, bestätigt uns, dass unsere Traurigkeit normal ist. So ist eben das Leben. Der Gottessohn hat aber noch mehr anzubieten. Statt „Ach, Schatz warum sagst du denn nicht einfach, dass du die Marmelade möchtest?", sagt er: „Mein Kind, warum sagst du mir nicht einfach, was dich belastet?" Dieses Angebot ist auch die Zusicherung, dass uns seine Begleitung bis ans Ende aller unserer Tage gilt. Der Zuspruch kann die Traurigkeit erträglich machen.

Resi macht eine ähnliche Erfahrung. Alles fängt so schön an: Ihre liebste Freundin Marie kommt zu Besuch und es ist beinahe wieder so wie früher, als sie noch nah beieinander gewohnt haben. Aber dann kommt der Moment des Abschieds und Resi wird klar, dass sich doch alles verändert hat. Marie wohnt nicht mehr mit ihr in einem Haus und kann nicht schnell vorbeikommen. Resi wird furchtbar traurig und fragt sich, warum man überhaupt traurig werden muss. Dass Jesus immer bei ihr ist, auch wenn sie ihn nicht sieht, findet sie ganz toll, aber das tröstet sie nicht komplett. Sie möchte lernen, was man macht, wenn man traurig ist.

Der Zuspruch, den sie erfährt, hat zwei Teile. Einerseits besteht der Zuspruch in der Zusage der Gegenwart Jesu, andererseits braucht diese Zusage auch eine vermittelte Handlungsebene. Was kann ganz praktisch geschehen, damit die Traurigkeit vergeht? Trost muss für die Kinder auch sichtbar werden im Umgang der Erzieherinnen und Erzieher mit ihm.

Vorbereitende Fragen

Bei dem Thema Traurigkeit und Trost kann man interessante Entdeckungen machen. Oft geschieht Trösten eher still und leise und nicht mit viel Getöse oder es haben sich schon längst Rituale eingestellt, die noch nicht bemerkt wurden. Tauschen Sie Ihre Beobachtungen mit Ihren Kolleginnen aus und halten Sie Ihre Einschätzungen schriftlich fest. Gerade wenn Sie im Team unterschiedliche Ansichten haben („Ich finde der Tobias ist immer so traurig." / „Also, bei mir ist er immer sehr fröhlich.") kann es hilfreich sein, die Ursachen für die verschiedenen Wahrnehmungen herauszufinden.

Gruppensituation:

Wer benötigt im Moment besonders viel Trost und warum?
Wie gehen die Kinder in Ihrer Gruppe mit der Traurigkeit der anderen um?
Was tun die Kinder, wenn sie traurig sind?
Sind Sie als betreuende Person auch schon mal traurig gewesen?
Wie haben die Kinder reagiert?
Gibt es Rituale des Tröstens unter den Kindern, die Ihnen vielleicht noch gar nicht aufgefallen sind?
Was tun Sie, wenn Sie Kinder trösten?
Welche Kinder haben Probleme damit, Trost anzunehmen?
Welche Ursache vermuten Sie dahinter?

Persönliche Fragen:

Wie steht es mit Ihrer eigenen Traurigkeit?
Gibt es aktuell etwas, was Sie traurig macht?
Wie überwinden Sie Ihre Traurigkeit? Wer hilft Ihnen? Welche Ressourcen können Sie für sich benennen?
Haben sich Ihre Bewältigungsstrategien im Lauf der Zeit verändert?
Sorgen Sie für sich! Wenn es im Moment etwas gibt, das Sie besonders traurig macht, sprechen Sie dieses Thema nicht alleine mit den Kindern an. Sie kennen es bestimmt: Ehrlich formulierte Aussagen in der für dieses Alter oft so typischen altklugen Art können einen manchmal ganz schön umhauen.

Handpuppengeschichte: Der Überraschungstag

Hallo, da bin ich wieder! Schön, euch zu sehen. Ich hoffe, es geht euch allen gut.

Seit dem letzten Besuch bei euch ist so viel passiert, da weiß ich gar nicht, wo ich anfangen soll. Vielleicht einfach von vorne: Als ich nach Hause kam, sagte Mama, sie hätte eine Überraschung für mich. Ich wollte natürlich sofort wissen, was das denn für eine Überraschung ist, aber Mama meinte, eine Überraschung ist deshalb eine Überraschung, weil es einen überraschen soll. Ich musste zwei Mal schlafen, bevor die Überraschung kommen sollte. Mama hat mir immer Tipps gegeben. Der erste Tipp war: „Es ist etwas zum Spielen!" Was zum Spielen, das ist ja toll, habe ich gedacht. Ob sie mir vielleicht ein Krokodil für meinen Zoo gekauft hat? Das habe ich mir schon so lange gewünscht. Aber Mama sagte nur, mit meinem Zoo hätte es nichts zu tun. Da musste ich ganz schön grübeln, aber mir fiel nichts mehr ein. Am zweiten Tag war der Tipp von Mama nur ganz kurz: „Es hat Beine!" Aber ein Krokodil hat doch Beine, sogar vier Stück, die sind nicht lang, aber es sind trotzdem Beine. Aber Mama hat nichts gesagt, dabei habe ich den ganzen Tag aufgezählt, was alles Beine hat: Katzen, Hunde, Giraffen, Elefanten, Wellensittiche und dann fiel mir ein, dass ja auch Tische und Stühle Beine haben. Ob Mama mir wohl einen neuen Tisch mit rosa Stühlen gekauft hat? Vielleicht so ganz kleine, die auch in mein neues Zimmer passen?

Dann war endlich der Tag der Überraschung da. Ich war vor Aufregung schon ganz früh wach und bin sofort zu Mama ans Bett gerannt: „Der Überraschungstag ist da, Mama, wach auf", habe ich gerufen. Mama fand das irgendwie gar nicht komisch, sie murmelte nur etwas von „Es ist doch noch mitten in der Nacht ...", oder so. Als Mama dann endlich ihren Kaffee getrunken hatte, meinte sie: „Resi, weißt du, was du bei deinen Aufzählungen vergessen hast?" Das wusste ich natürlich nicht, sonst hätte ich es ja gesagt. „Menschen! Die haben auch Beine, schau doch mal an dir runter", sagte Mama. Und es stimmte tatsächlich, das hatte ich total vergessen. Ich habe ja auch Beine. In dem Moment klingelte es an der Haustür und da sah ich sie, die Überraschungsbeine. Meine Freundin Marie war zu Besuch gekommen. Ich war so überrascht, dass ich tatsächlich weinen musste. Meine Marie war gekommen. Die beste und liebste aller Freundinnen stand in meinem neuen Zimmer und wollte mit mir spielen. Es war so schön. Wir haben alle unsere Lieblingsspiele ausgepackt und aufgebaut. Mama hat uns Kuchen gebacken: „Zur Feier des Tages", hat sie gesagt. Und das war es tatsächlich. Eine fröhliche Feier mit meiner Marie! Am Abend wurde sie dann wieder von ihrer Mama abgeholt, das war sehr traurig. Marie musste tatsächlich wieder gehen.

Als Mama abends zu mir ans Bett kam, musste ich noch mal weinen. Mama hat mich getröstet und erzählt, dass Jesus zu seinen Freunden gesagt hat: „Ich bin bei euch alle Tage", obwohl wir ihn gar nicht sehen können. Er ist trotzdem da. Das finde ich toll. Jesus ist auch für mich da und lässt mich nicht alleine, auch wenn ich traurig bin.

Das mit dem Traurigsein ist schon so eine Sache. Es konnte mir noch niemand sagen, warum wir überhaupt manchmal traurig sein müssen. *Seid ihr auch manchmal traurig? Was macht ihr denn dann? Habt ihr schon mal jemanden getröstet?* Wir können das ja mal gemeinsam üben! So, jetzt muss ich mich verabschieden. Ich freue mich schon auf das nächste Mal. Bis bald!

Spiele

Kindermassage

Gestreichelt zu werden tut gut, wenn man traurig ist. Die Kinder massieren sich gegenseitig mit den Fingern. Ein Kind liegt und das andere Kind massiert, dabei kann die Erzieherin folgende Anweisungen in Form einer erzählten Geschichte geben:

„Ach, was ist es heute ein trauriger Tag. Niemand zu sehen weit und breit *(mit den Handflächen den gesamten Körper abstreichen, in der Länge und der Breite)*. Die Wolken weinen. Schaut euch den

Himmel an, dunkel und wild sehen die Wolken aus *(die Hände gehen in großen kreisenden Bewegungen über den ganzen Rücken)*. Erst kommen nur ein paar kleine Tropfen und ein kleiner See bildet sich *(die Zeigefinger tippen vorsichtig auf den Schultern)*. Oh weh, es ist noch nicht vorbei, es sind noch mehr Tränen in den Wolken, die Tropfen werden mehr *(langsam mit allen Fingerspitzen auf den oberen Rücken und Schultern tippeln)*. Der See tritt über die Ufer und wird immer größer *(schnell und mit mehr Kraft tippeln die Fingerspitzen den Rücken runter)*. Aber was ist das? Seerosen schwimmen auf dem großen See und drehen sich lustig im Kreis *(die Fingerspitzen zeichnen kleine Kreise auf dem Rücken)*. „Was für ein Spaß! Endlich wieder Regen, endlich genug Wasser", rufen sich die Seerosen zu und sie schwimmen mal hierhin, mal dorthin *(kreisende Bewegungen der Fingerspitzen, mal auf der rechten Seite des Rückens, mal auf der linken Seite des Rückens)*. Wie die Seerosen so lustig über den See kreisen und sich freuen, können die Wolken nicht länger traurig sein *(die Fingerspitzen tippeln wieder langsamer auf dem Rücken)*. „Hallo, ihr Rosen, sollen wir eure Blätter trocken pusten?" „Oh ja, bitte", rufen die Seerosen lachend zum Himmel empor. Ein Wind kommt auf, erst ganz sanft *(ganz sanft mit den Handflächen über den gesamten Rücken streichen, von oben bis unten)* und dann immer kräftiger *(drei Mal mit den Handflächen den Rücken herunter streichen)*. „Es reicht", rufen die Seerosen, „wir sind trocken. Danke schön liebe Wolken, für Wasser und Luft." Die Wolken freuen sich, *(sanft mit den Zeigefingern lachende Gesichter malen)*. Der Tag, der so traurig allein begann, endet mit neuen Freunden und viel Lachen.

Rollenspiele: Trösten üben

Als Resi traurig war, hat die Mama sie getröstet, als die Wolken traurig waren, kamen die Seerosen. Was können wir tun, um andere zu trösten?
Rollenspiel: Wer möchte Trost-Experte werden? Zwei Kinder werden ausgewählt. Die Erzieherin überlegt sich eine Situation, die Kinder traurig werden lässt:

Meine aufgebaute Puppenstube ist durcheinander gebracht worden.
Der Freund hat ein schlimmes Wort zu mir gesagt.
Mama hat vergessen mein Frühstücksbrot einzupacken.
Mein linker Schuh ist nicht mehr da.
Ich hab Pipi in die Hose gemacht.

Die Kinder sollen spontan auf das Spiel der Erzieherin reagieren. Ein Gespräch entwickelt sich. Wenn den Kindern nichts einfällt, dürfen die anderen Kinder befragt werden.
Abschluss: Kurze Zusammenfassung durch die Erzieherin: „Was haben die beiden gerade gemacht? Wie haben sie mich getröstet? Genau, sie haben den Arm um mich gelegt. Oder, die haben die Puppenstube wieder aufgebaut o. Ä."
Danach nächstes Rollenspiel. Die Rollen können gemischt werden.

Projektidee: Trösten und getröstet werden

Nehmen Sie das vorausgegangene Spiel, um die Idee des Tröstens mit in den Alltag zu übertragen. Es gibt im Laufe eines Kindergartentages viele Begebenheiten, in denen Trösten und Getröstet werden eine Rolle spielen. Achten Sie mit den Kindern bewusst auf solche Situationen: Wer braucht Trost? Wer tröstet und wie? Im Rahmen einer Abschlussrunde oder im Nachmittagskreis können Sie als Erzieherinnen und Erzieher die verschiedenen Beobachtungen ansprechen und die Meinungen und Erfahrungen der Kinder erfragen. In den ersten Tagen ist es ratsam, jeden Tag nach Trostgeschichten zu fragen. Mit der Zeit sollten die Intervalle immer größer werden. Beobachten Sie, ob die Kinder auch ohne tägliche Erinnerung ans Trösten denken und sprechen Sie ihre Beobachtungen an. Fragen Sie immer auch nach den Beobachtungen der Kinder.

Resi findet einen Freund

Resilienzgedanke: **Ich trau mich was!**

Biblischer Bezug: **Lukas 19,3-6**

Einführende Gedanken

Wenn ein neues Kind in die Kindergartengruppe kommt, hoffen die betreuenden Personen genauso wie die Eltern, dass es schon bald Freunde finden wird und sich in der Gruppe wohl fühlt. Da dies nicht so einfach ist, erleichtert die Eingewöhnungszeit, in der sich das Kind langsam in dem Kindergarten zurechtfinden kann, den Prozess. Die scheinbar einfache Frage: „Darf ich mitspielen?", erfordert viel Mut. Viele Kinder denken nicht lange darüber nach, sondern gehen einfach los und würden auch eine Ablehnung mit einem Schulterzucken aufnehmen. Das bezeichnen wir als angeborene Resilienz. Andere Kinder machen sich viele Gedanken, haben Angst vor Ablehnung oder auch einfach vor dem Unbekannten.

In der biblischen Geschichte, die als Bezug vorgeschlagen ist, geht es um einen Mann ohne Freunde. Sein Name ist Zachäus. Zachäus muss eine sehr imposante Erscheinung gewesen sein. Klein von Statur aber groß in seinem Job. Seine kleine Statur hat ihn nicht davon abgehalten, auch großen Leuten viel Geld abzunehmen. Zölle einzunehmen war sein Beruf und das tat er teilweise besser, als der Staat von ihm erwartete. So war er keine angesehene Persönlichkeit in Jericho, die Hochachtung und Anerkennung erhielt, sondern eher ein verhasster Mensch, dessen Anwesenheit und Berufsausübung niemand besonders liebte, aber auch niemand ändern konnte. Und nun kam Jesus nach Jericho. Die ganze Stadt war auf den Beinen und jeder versuchte, den besten Platz zu ergattern, um möglichst dicht an Jesus heranzukommen. Wer sollte Grund gehabt haben, in solcher Situation auf die körperlichen Schwächen von Zachäus einzugehen, wo er doch auch keine Rücksicht nahm? Aber Zachäus wollte Jesus unbedingt sehen. Er nahm seinen Mut zusammen und drängelte und schubste, aber es gab kein Durchkommen. Erst die Kletteraktion auf dem Maulbeerbaum brachte den erhofften Erfolg. Zachäus konnte Jesus sehen, wurde sogar von ihm angesprochen und es kam zu einer ersten freundschaftlichen Begegnung zwischen den beiden Männern.

Zwei Aspekte werden hier deutlich. Jesus belohnt Zachäus' Hartnäckigkeit und seinen Mut, trotz Gelächter oder Häme der anderen Menschen an seinem Ziel festzuhalten, mit positiver Aufmerksamkeit. Wenn Zachäus bis dahin seine Selbstwirksamkeit nicht wahrgenommen hat, wird er es vielleicht in diesem Moment getan haben. Zachäus werden die schlechten Auswirkungen seines Handelns bewusst und er verspricht Jesus, sich zu ändern.

Ganz so dramatisch wird es für Resi nicht. Sie erzählt heute ihre Geschichte über das Freundschaften schließen und erfährt, wie es sich anfühlt, mutig zu sein. Für Resi war dies nicht so einfach, denn es gab in der neuen Wohnumgebung keine Eingewöhnungszeit. Sie musste hinausgehen und sich trauen, den Menschen um sie herum ihre Bedürfnisse zu zeigen. Resi hat keine Erfahrung damit, neue Freunde zu suchen, da ihre alten Freunde ja schon seit ihrer Geburt da waren. Es gelingt ihr dann mit ein wenig Unterstützung, ihre Angst zu überwinden und mutig Kinder auf dem Spielplatz anzusprechen.

Vorbereitende Fragen

Gruppensituation:

Welche Kinder in Ihrer Gruppe erleben Sie als mutig?
Vermuten Sie eher eine angeborene Fähigkeit oder gibt es unterstützende Erwachsene, die hinter diesem Kind stehen?
Gibt es Kinder, die Mut mit Leichtsinn verwechseln?

Was vermuten Sie, warum benötigen diese Ihre besondere Aufmerksamkeit?

Warum haben die weniger mutigen Kinder so wenig Mut?

Vermuten Sie ein angeborenes Persönlichkeitsmerkmal (Schüchternheit) oder ist es erworben durch schlechte Erfahrungen? Bedenken Sie, dass Kinder oft schon durch eine einzige schlechte Erfahrung („Ich wollte ein Eis kaufen und der Eismann hat mich nicht gehört!") den Mut verlieren.

Persönliche Fragen:

Ist Mut für Sie eine eher männliche oder weibliche Tugend?

Wo erleben Sie sich selber als mutig?

Haben Sie Vorbilder, die Ihnen Mut vermittelt haben?

Wie wurde in Ihrer Familie mit mutigen Mädchen und Jungen umgegangen? Wurden Sie gewürdigt?

Handpuppengeschichte: Resi findet einen Freund

Hallo, da bin ich wieder! Schön, euch zu sehen Ich hoffe, es geht euch allen gut.

Seit dem letzten Mal bin ich oft getröstet worden. Das tat gut! Manchmal habe ich sogar jemanden getröstet, meine Brüder zum Beispiel. Das kann ich echt schon total gut. Ach ja, meine Brüder, die kennt ihr ja noch gar nicht. Tim-Lukas und Tom-Joshua haben in unserer neuen Wohnung ein gemeinsames Zimmer, aber das hatten sie schon immer. Stellt euch vor, sogar schon in Mamas Bauch. Tim und Tom sind an einem Tag geboren, Mama sagt, das nennt man Zwillinge. Die beiden machen ganz oft Blödsinn, das sind so richtig wilde Kerle. Gestern haben die beiden Joghurt aus dem Kühlschrank plumpsen lassen. Ja ehrlich, die haben die Joghurts genommen und auf den Fußboden geworfen und jedes Mal „Hat plumps gemacht!", gerufen und sich dabei kaputtgelacht. Die beiden können noch nicht so richtig reden, die sind erst zwei Jahre alt.

Tim und Tom mussten den Dreck wieder wegmachen, aber die konnten das nicht richtig, sondern haben den Joghurt wunderbar auf dem Boden verteilt. Und dann hat Mama es doch gemacht. Während Tim und Tom versuchten, den Joghurt aufzuwischen, hat Mama die ganze Zeit geschimpft, da bin ich lieber in meinem Zimmer verschwunden. *Schimpft eure Mama auch manchmal?* Als ich allein in meinem Zimmer spielte, dachte ich, dass ich gerne eine neue Freundin oder einen Freund hätte. Jetzt, wo Marvin und Marie so weit weg wohnen. Tim und Tom haben sich, die sind nie allein. *Aber wie findet man denn neue Freunde? Wie habt ihr denn eure Freunde gefunden? Oder waren die schon immer da?*

Als ich wieder aus meinem Zimmer kam, war Mama gar nicht mehr sauer. Ich habe Mama erzählt, dass ich so gerne eine neue Freundin hätte, aber nicht weiß, wie ich das anstellen soll. Mama hat immer gute Ideen. Sie meinte, ich solle einfach mal rausgehen, hinter dem Haus wäre doch der Spielplatz und mal schauen, ob es dort Kinder gibt, die mit mir spielen wollen. Den Spielplatz hatte ich schon beobachtet, den kann man nämlich von meinem Zimmerfenster aus sehen. Aber ich habe mich nicht getraut, hinzugehen. Ich hatte Angst, dass keiner mit mir spielen will. Ich bin dann doch hingegangen und habe geguckt. Und da war was los. Das kann ich euch sagen. Einige Kinder haben Verstecken gespielt, andere haben in der Sandkiste gebuddelt, einige hatten sogar Playmobil-Männchen dabei. Und ich? Ich stand rum und fühlte mich komisch und traute mich nicht, mich zu bewegen. Ich musste an Mama denken und daran, dass sie gesagt hatte, dass die Kinder nicht wissen, dass ich eine Freundin suche. Also musste ich wohl etwas sagen. Aber was?

Was hättet ihr gesagt?

Ich bin dann zu dem Mädchen und dem Jungen mit den Playmobil-Männchen gegangen und habe ganz leise gesagt: „Hallo, darf ich mitspielen?" „Was ist los?", fragte das eine Kind und schaute mich fragend an. „Darf ich mitspielen?", sagte ich nun schon etwas lauter. Endlich hatten sie mich verstanden. „Klar, wenn du willst!" ‚meinte der Junge, der Peter hieß, das Mädchen hieß Linda. Irgendwann hat Mama mich gerufen, weil es dunkel wurde.

Ich habe ganz alleine neue Freunde gefunden. Wir haben toll gespielt. Mal sehen, ob ich mich morgen traue, Linda zu mir nach Hause einzuladen. Ich würde ihr so gerne meine Zootiere zeigen. Mama meinte abends vor dem Zubettgehen, dass sie ganz stolz auf mich ist, weil ich mich getraut habe, auf den Spielplatz zu gehen. Ja, ich bin auch stolz und so froh. Ich hab mich getraut!

Habt ihr euch auch mal etwas getraut? Wer hat euch dabei unterstützt?

So, jetzt muss ich mich verabschieden. Ich freue mich schon auf das nächste Mal. Bis bald.

Spiele

Erlebnisparcours

Je nach örtlichen Gegebenheiten: Parcours bauen aus verschiedenen Möbeln und Materialien: Tische, Stühle, Schaumstoffkissen, Kisten, Rollbretter, Wannen mit Wasser, Kieselsteine, Bretter, die mit verschiedenen Materialien beklebt sind, z. B. Schmirgelpapier, Wolle, weicher Stoff.

Immer zwei Kinder dürfen einen Parcours aufbauen und führen die anderen Kinder evtl. mit verbundenen Augen (für die besonders Mutigen) hindurch.

Der Parcours kann immer wieder neu gestaltet werden. Achten Sie darauf, dass besonders die Schüchternen die Möglichkeit haben, selbst einen Parcours zu bauen, genauso, wie hindurch geführt zu werden. Zur Unterstützung der Selbstwirksamkeit könnte ein sehr mutiges Kind ein eher zurückhaltendes Kind hindurchführen. Die Kinder werden ihre Unterschiedlichkeit bemerken.

Projektidee: „Trau dich" - Blumen sammeln

Es gibt Blumen, die heißen „Tausendschön" oder „Vergissmeinnicht", aber in diesem Projekt soll eine ganz besondere Blumenwiese gestaltet werden. Auf dieser Wiese wachsen Trau dich - Blumen. Mit ein wenig Unterstützung hat sich Resi etwas getraut. Sammeln Sie mit den Kindern Erlebnisse, in denen sie sich etwas getraut haben. Wo waren sie schon einmal mutig? Wo aber gibt es Situationen, in denen ihnen der Mut fehlt? Die Trau dich - Geschichten werden auf einer Blume vermerkt, z. B. Maja ist ohne Mama in die Gruppe gelaufen. Dinge, die die Kinder sich gerne trauen würden, werden auch auf einer Blume vermerkt und auf eine große grüne Pappe/grünen Stoff geklebt. Im nächsten Schritt wird in der Gruppe besprochen, welche Art der Unterstützung das Kind bräuchte, um sich zu trauen. Im Laufe der Projektzeit füllt sich die Blume mit vielen Trau dich - Blumen. Je nach dem, welche Art der Unterstützung die Kinder benötigen, um sich zu trauen, werden ggf. die Eltern mit einbezogen.

Eine Vorlage für die Blumen findet sich im Anhang.

Resi entdeckt Unterschiede

Resilienzgedanke: **Ich werde geliebt, so wie ich bin!**

Biblischer Bezug: **Markus 12,30-31**

Einführende Gedanken

In der Einführung in dieses Buch wurde bereits dargestellt, was Selbstbewusstsein bedeutet. Oft wird das Selbstbewusstsein leider mit viel Egoismus vermischt. „Nun sei mal ein bisschen selbstbewusst, trau dich. Zeig, was in dir ist. Lass dir nichts gefallen." Das sind Sätze, die Eltern manchmal zu ihren Kindern sagen. In einer Welt, in der scheinbar nur die Starken weiterkommen, scheint für die Eltern diese Aufforderung der Schubs in die richtige Richtung zu sein. Was diese Einstellung allerdings auslässt, ist das „Selbst"-Bewusstsein der eigenen Schwächen, da die Stärken in den Vordergrund gestellt werden. Wenn Kinder und später dann Jugendliche bemerken, dass sie bei aller Demonstration ihrer Kraft und Stärke auch Schwächen besitzen, haben sie keinerlei Ressourcen, damit emotional und lebenspraktisch umzugehen. Minderwertigkeitsgefühle, Depressionen und Traumatisierungen können als Folgeerscheinung auftreten.

Die Bibel schlägt einen einfachen Weg vor: die Liebe. Und zwar Liebe in alle Richtungen: *Von oben:* Gott liebt jeden Menschen, so wie er/sie ist (siehe auch „Resi kommt"). *Nach oben:* Der Mensch darf sich mit Gott in eine liebevolle Beziehung setzen. *Nach außen:* Der „Eindruck" der Liebe Gottes braucht auch einen „Ausdruck": Indem wir den nächsten Nachbarn, den Freund, das Familienmitglied akzeptieren, anerkennen und lieben. Dieser „Ausdruck" kann aber nur geschehen, wenn der „Eindruck" wirksam geworden ist in der Liebe *nach innen*: die Liebe zu mir selbst. Denn wenn Gott mich liebt und mein Nächster mich auch, welchen Grund hätte ich, mich nicht zu lieben? Erst alle vier Aspekte zusammen ergeben ein rundes, stimmiges Prinzip. Ganz gleich, in welcher Position sich ein Mensch befindet, nach diesem Prinzip befindet er sich immer in einer geliebten und liebenden Position und dass ohne Leistungen, unabhängig von Bildung, Aussehen und sozialem Status.

Kindern fällt dieses Prinzip oft ganz leicht. Sie fühlen sich von Mama und Papa geliebt und es fällt ihnen in der Regel nicht schwer, andere zu lieben. Streit ist ganz schnell vergessen und dann wird weitergespielt. Unterschiede werden nicht wahrgenommen oder nicht für wichtig gehalten. Schließlich ist es egal, ob Ali deutsch spricht, wo der doch super Fußball spielt.

Resi ist es auch nicht aufgefallen, wie unterschiedlich ihre Freunde sind. Als ihre Mutter sie darauf aufmerksam macht, ist es für sie sehr überraschend und sie freut sich darüber, vor allem, als sie bemerkt, dass die Freunde von Jesus auch sehr unterschiedlich waren. Das Wichtigste für Resi ist aber, dass Jesus alle liebt, ganz egal, wie unterschiedlich die Menschen sind. So geht es in dieser Einheit darum, Unterschiede zu bemerken, sie zu würdigen und sich daran zu erfreuen.

Vorbereitende Fragen

Gruppensituation:

An welchen Eigenschaften machen Sie das Selbstbewusstsein von Kindern fest?
Jedes Kind hat besondere Fähigkeiten! Fällt Ihnen zu jedem Kind etwas ein?
Was ist das Besondere an jedem Kind?
Wo liegen die größten Unterschiede in der Gruppe?
Welche Auswirkungen haben diese Unterschiede auf die Gruppe?

Was ist das Besondere an Ihnen?
Gibt es Kinder, in denen Sie sich wiederfinden?
Welche unterschiedlichen Begabungen gibt es in Ihrem Team?
Nutzen Sie diese Unterschiede?

Handpuppengeschichte: Wir sind so unterschiedlich

Hallo, da bin ich wieder! Schön, euch zu sehen. Ich hoffe, es geht euch allen gut.
Ich habe mir eure Trau dich - Blumenwiese angeschaut. Die sieht ja klasse aus. So viele Blumen, da habt ihr euch aber eine Menge getraut.
Von wem ist denn welche Blume?
Für mich ist es jetzt gar nicht mehr schwer, auf den Spielplatz zu gehen. Ich glaube, wenn man sich einmal getraut hat, ist es beim nächsten Mal nicht mehr so schlimm. Außerdem weiß ich das jetzt, dass ich mich trauen kann. Und wenn es doch mal zu schwierig wird, muss ich mir Hilfe holen. Ich bin jetzt fast jeden Tag auf dem Spielplatz und spiele mit meinen neuen Freunden. Inzwischen kenne ich schon ziemlich viele Kinder. Mama sagt immer, dass wir eine ganz bunte Truppe sind. Also wirklich, manchmal spricht Mama in Rätseln. Wieso sind wir bunt?, habe ich sie gefragt. Mama meinte dann, ob ich mir die Kinder denn noch nie genau angeschaut hätte. Das hatte ich bis jetzt echt noch nicht gemacht. Ich wusste ja nicht, dass das wichtig ist. Mama und ich haben uns ans Fenster gestellt und die Kinder draußen beobachtet.
Da gibt es den dicken Olli, der immer so lustig lacht und noch fünf Geschwister hat. Die kleine Frieda mit den vielen Sommersprossen, die ist wie ein Flummi, immer muss die hüpfen. Frieda wohnt alleine mit ihrer Mama. Dann ist da der Martin, der hat keine Eltern, aber eine ganz liebe Oma. Martin redet immer ganz leise, wenn er mit vielen Kindern zusammen ist. Ich glaube, er hat ein bisschen Angst, wenn viele Kinder zusammen sind. Dann versteht

man ihn manchmal gar nicht. Mama sagt, das nennt man schüchtern. Wenn Martin und ich aber alleine spielen, ist das nicht so. Vor mir hat er wohl keine Angst. Na, und dann sind da noch meine neue Freundin Linda und ihr Bruder Max. Die Erwachsenen sagen immer, der Max wäre schwierig. Ich weiß gar nicht, was die damit meinen. Max ist eigentlich ganz nett, aber manchmal kann der so sauer werden, zum Beispiel wenn er beim Spielen verliert. Dann flippt er total aus, schlägt jeden, der ihm in die Quere kommt und brüllt und schreit schlimme Worte. Max' Mutter muss dann kommen und ihn beruhigen, meistens geht er dann einen Moment in die Wohnung und ein paar Minuten später ist alles wieder gut und wir können weiterspielen. Wir sind echt alle verschieden. Oder wie Mama es sagen würde: Wir sind ganz schön bunt.

Und wisst ihr, was mir Mama abends beim Zubettgehen noch erzählt hat?

Ratet mal, wer total unterschiedliche Freunde hatte?

Jesus! Mama hat erzählt, dass Jesus zwölf ganz enge Freunde hatte, die mit ihm zusammen auf Reisen gewesen sind und den Menschen von Gott erzählt haben. Muss echt aufregend gewesen sein. Na, ist ja egal, auf jeden Fall waren die Freunde von Jesus sehr unterschiedlich. Da gab es Simon Petrus, der konnte richtig wütend werden und dann wieder ganz lieb. Wie bei Max. Der Jakobus war schüchtern, der musste erst überlegen, ob er mit Jesus verreisen wollte. Vielleicht so wie Martin, der ist ja auch schüchtern. Jakobus hatte noch einen Bruder, der hieß Johannes, denen hat Jesus sogar einen Spitznamen gegeben: Donnersöhne.

Habt ihr auch Spitznamen?

Meine Mama nennt mich immer Hase, aber das finde ich nicht so toll. Jesus hatte seine Freunde lieb, so wie sie waren. Ganz egal, ob sie nun schüchtern oder wild waren, ob sie viele Geschwister hatten oder nicht. Mama sagt auch, dass Jesus alle Kinder im Kindergarten lieb hat. Also, dich und dich und mich natürlich auch. Und das, obwohl wir alle so unterschiedlich sind. Das finde ich toll. So, jetzt muss ich mich verabschieden. Ich freue mich schon auf das nächste Mal. Bis bald.

Spiele

Unterschiede erkennen

Naturmemory
Legen Sie auf einen großen Tisch oder auf den Fußboden viele unterschiedliche Blätter und evtl. die entsprechenden Früchte dazu.
Aufgabenstellung: Blätter genau ansehen! Worin unterscheiden sie sich? Welche Früchte gehören zu welchem Blatt? Was ist gleich? Gruppen bilden, z. B. alle hellgrünen in eine Gruppe und alle dunkelgrünen in die andere.
Diese Art von Memory kann mit allen möglichen Dingen gespielt werden, mit Küchenutensilien, mit Bauklötzen, mit unterschiedlichen Stoffen und Materialien usw.

Kindermemory
Wie oben, nun sollen die Kinder Gruppen bilden: Nach Haarfarbe aufteilen, Jungen und Mädchen, Große und Kleine, mit Hosen und Röcken usw.

Projektidee (mit Eltern): Wer gehört zu mir?

Stammbaum zeichnen
Material: Je eine DIN A3 Pappe pro Familie, Tusche, Buntstifte, Wachsmaler, Kleber usw.
Ablauf: Jede Familie erhält die vorbereiteten Familienkarten (siehe Anhang) und füllt diese gemeinsam aus. Je nach Familienform, z. B. Patchworkfamilie, müssten die Karten erweitert werden. Danach dürfen die Kinder auf der Pappe einen großen Baum malen. Hier sind der Phantasie und der Gestaltung keine Grenzen gesetzt. Die Familienkarten werden anschließend entsprechend auf den Baum geklebt: die jüngste Generation ganz unten an den Stamm, die älteste Generation der Familie in die Baumkrone. Als Abschluss darf jedes Kind seine Familie vorstellen.

Resi redet mit Gott

Resilienzgedanke: **Ich darf immer mit Gott reden.**

Biblischer Bezug: **Lukas 22,42-44**

Einführende Gedanken

Ein paar „Trau dich - Blumen" machen aus einem Kind noch keinen mutigen Helden. Sich seine eigenen Taten bewusst zu machen, ist nur eine Möglichkeit, mit der Angst umzugehen, eine andere ist, sich auf die Hilfe anderer zu verlassen. Am Beispiel der biblischen Erzählung von Jesus im Garten Getsemane kurz vor der Verhaftung, Verurteilung und Kreuzigung wird eine andere Option im Umgang mit der Angst aufgezeigt. Jesus hätte am Ende seiner Wirkungszeit zufrieden auf viele „Trau dich - Blumen" zurückblicken können. Er hat Kranke geheilt, Verzweifelte getröstet, Ungerechtigkeit angeprangert und er hat manch körperliche Anstrengung auf seinen Reisen ertragen. Man könnte sagen, dass Jesus viele Ressourcen hatte, um mit den Widrigkeiten des Lebens fertig zu werden.
Diese letzte Aufgabe, das Sterben am Kreuz, bringt Jesus an seine Grenzen. Es gibt nichts, was ihn vor den Schmerzen bewahren könnte. Das, was ihm bleibt, ist das Gespräch mit seinem himmlischen Vater. Im Garten Gethsemane nimmt Jesus die Gelegenheit zum Gebet wahr. Letztendlich sind dieses Gebet und die Stärkung des Engels (so erzählt bei Lukas) seine letzten Ressourcen und Hilfen. Wahrscheinlich gibt es kaum etwas, was mit dem von Jesus Erlebten gleichzusetzen wäre. Menschen und auch Kinder kennen dieses Gefühl der (absoluten) Hilflosigkeit, als ob der Boden unter den Füßen weggezogen wird. Es ist dann egal, ob außenstehende Personen die individuell erlebte Hilflosigkeit als unspektakulär beurteilen.

Resi geht es in der nächsten Geschichte auch so. Jetzt hat sie sich schon so oft etwas zugetraut, aber diese Situation bringt sie aus dem Gleichgewicht. Sie beobachtet Linda, wie diese mit einem aus Resis Sicht viel schöneren Mädchen spielt und denkt nun, Linda möchte nicht mehr ihre Freundin sein. Resi ist schockiert, wütend und geht einfach weg. So schnell kommt sie aus ihrer schlechten Stimmung nicht heraus und es bedarf sehr viel Einfühlungsvermögen und Geduld der Mutter, bis sie sich wieder besser fühlt. Das resilienzfördernde Verhalten der Mutter erkennen wir zuerst in gezielt eingesetzten Informationen. Sie erzählt nur, dass Jesus eine schwere Aufgabe erledigen musste, denn dass er sich schlecht fühlte, weil er sterben musste, hätte Resi in dem Moment überfordert. Die Aussage der Mutter, dass Jesus in einer vergleichbar notvollen Situation gebetet hat, reicht Resi, um für sich selber einen Weg zu erschließen. Die Geduld der Mutter trägt einen weiteren Teil zur Lösung der Situation bei. Bewältigungsstrategien und Ressourcen brauchen Zeit und Gelegenheit, um sich in einer Persönlichkeit fest zu verankern. So braucht Resi immer wieder neue Gelegenheiten, um ihr Wissen anzuwenden. Schließlich betet Resi ja jeden Abend, aber dass sie auch in Notsituationen, sozusagen außerhalb des üblichen Rahmens, beten darf, war ihr neu.

Vorbereitende Fragen

Gruppensituation:

Bei welchem Kind erleben oder vermuten Sie Verzweiflung und negative Gefühle?
In welchen Situationen zeigt sich dieses?
Was tut das Kind dann?
Kann es sich selber trösten und beruhigen oder benötigt es Unterstützung?
Bei welchem Kind erleben Sie einen guten Umgang mit negativen Gefühlen?
Wie sieht dieser Umgang genau aus?

Kennen Sie die gesamte Bandbreite von Verzweiflung und negativen Gefühlen?
Welche Gefühle, die Sie bei den Kindern beobachten, sind Ihnen fremd?
Was tun Sie, wenn Sie „schlecht drauf" sind?

Handpuppengeschichte: Resi in Not

Hallo, da bin ich wieder! Schön, euch zu sehen. Ich hoffe, es geht euch allen gut.
Habt ihr auch einen Familienstammbaum gemalt? Die würde ich ja gerne sehen, bestimmt sind die alle ganz unterschiedlich. Ich habe euch mal meinen Stammbaum mitgebracht.
Wollt ihr den mal sehen?
Mir ging es gestern gar nicht gut! Ich wollte mit Linda auf dem Spielplatz spielen. Und wisst ihr, was da passiert ist? Ich rase gerade um die Häuserecke und da sah ich sie. Ein wildfremdes Kind, das mit Linda spielt. Ein Mädchen, das ich hier noch nie gesehen habe. Sie war schon ziemlich groß. Linda und dieses fremde Mädchen haben zusammen mit Puppen gespielt. Ich wusste gar nicht, dass Linda Puppen mag. Ich hab auch eine Puppe, die heißt Mimi und die kann sogar richtig echt in die Windeln machen. Na ja, auf jeden Fall stand ich an der Häuserecke und hab mich nicht getraut, zu den beiden zu gehen. Ich hatte Angst vor diesem Mädchen. Die war schon groß und hatte einen schönen Rock an. Im Haar trug sie einen rosa Haarreifen. Der war so schön. Bestimmt mag die mich nicht, habe ich gedacht.
Ich bin dann wieder in die Wohnung gegangen. Mama war ganz überrascht und fragte, was ich denn schon wieder drinnen will. Die Sonne würde doch scheinen und Linda sei doch auch auf dem Spielplatz. Ich habe Mama dann total angemault und geschrien: „Die Sonne scheint überhaupt nicht schön und mit Linda will ich nicht spielen und überhaupt ist das ein blöder Tag." Ich bin in

mein Zimmer gegangen und habe laut die Tür zugeschlagen. Ich wollte überhaupt niemals wieder mit jemandem reden.

Irgendwann ist Mama hereingekommen. Ich lag auf meinem Bett und schmollte. Mama hat dann etwas Komisches gemacht. Sie hat mit meiner Puppe Mimi geredet, weil ich nicht mir ihr reden wollte: „Sag mal Mimi! Was ist denn mit meiner Resi los? So kenne ich sie gar nicht. Die ist ja richtig wütend. Ach, du weißt es auch nicht. Reden will sie auch nicht mit mir. Aber weißt du was, Mimi, ich werde einfach hier ein bisschen sitzen bleiben. Vielleicht redet sie doch noch mit mir." Als Mama dann Mimi wieder weggelegt hatte, musste ich ganz schlimm weinen und dann habe ich Mama alles erzählt: Dass ich mich auf einmal nicht mehr getraut habe, zu Linda zu gehen, weil da das fremde Mädchen war und dass ich glaube, dass Linda das andere Mädchen bestimmt lieber mag, weil sie so tolle Sachen hat und so. Mama hat dann etwas ganz Kluges gesagt: „Weißt du, Resi, manchmal fühlt man sich ganz klein und unbedeutend, vielleicht sogar dumm und hässlich. Mutig, fröhlich und zuversichtlich zu sein, ist dann enorm schwer. An solchen Tagen ist es gut, wenn du dich daran erinnerst, dass du auch schon oft ganz viel Mut gehabt hast." Mama hat dann alle Trau dich - Blumen mit mir zusammen angeguckt, das sind schon ganz schön viele.

Mit Linda ist dann noch alles gut geworden. Sie hat bei mir geklingelt und gefragt, warum ich denn nicht raus käme, sie hätte ihrer Cousine schon so viel von mir erzählt und sich gefreut, dass wir alle zusammen spielen können. Versteht ihr, das Mädchen mit dem schönen Haarreifen war Lindas Cousine! Abends hat mir Mama dann wieder von Jesus erzählt und dass er eine ganz große Aufgabe übernehmen sollte vor der er Angst gehabt hat. Jesus hat dann zu seinem himmlischen Vater gebetet. Mama sagt, dass es ganz normal ist, dass man mal komische Gefühle hat und dass ich dann immer mit Gott reden darf und er mir zuhört. Stellt euch vor! Wir dürfen immer mit Gott reden! Auch während der Tagesschau und auch mitten in der Nacht. Immer! Das war mir neu.

Habt ihr auch schon mal mit Gott geredet? Und was habt ihr dann gesagt?

Wusstet ihr, dass man sogar mit Gott und mit Jesus reden kann?. Mit Gott reden ist so, wie wenn man mit einem lieben Vater spricht, mit Jesus reden ist so, wie wenn man mit einem besten Freund oder einer besten Freundin redet. So, jetzt muss ich mich verabschieden. Ich freue mich schon auf das nächste Mal. Bis bald!

Spiele

Feuer, Wasser, Wind

Alle Kinder laufen durcheinander oder im Kreis herum. Auf das Kommando „Feuer" werfen sich die Kinder auf den Bauch, bei „Wind" halten sie sich an etwas oder jemandem fest und bei „Wasser" springen sie auf eine Bank oder Ähnliches. Wer als Letzter fertig ist oder das Falsche tut, scheidet aus.

Tierkonzert

Jedes Kind sucht sich eine Tierart aus und macht die Laute des Tieres nach. Dieses „Konzert" wird auf Kassette aufgenommen. Nun hören sich die Kinder das Tonband an und versuchen, alle Tierstimmen wieder zu hören.

Variation 1: Ein Kind steht in der Mitte des Kreises mit geschlossenen Augen. Jedes Kind macht sein Geräusch. Das Kind in der Mitte muss ein bestimmtes Tier suchen.

Variation 2: Ein Kind verlässt den Raum. Jeweils zwei Kinder machen den gleichen Laut. Das Kind in der Mitte muss nun die zusammenpassenden Paare finden.

Was fehlt?

Verschiedene Gegenstände sind auf den Tisch gelegt. Die Menge variiert je nach Alter der Kinder. Die Kinder betrachten die Gegenstände aufmerksam und schließen dann die Augen. Ein bis zwei Gegenstände werden weggenommen. Die Kinder sollen schnell raten, welche Gegenstände fehlen.

Projektidee: Gebete sammeln

Alle Kinder und Erzieher und Erzieherinnen erhalten den Auftrag, sich auf die Suche nach Gebeten zu machen. Es können Mamas, Papas, Omas und Opas, Freunde, Nachbarn und alle Verwandte gefragt werden. Auch Gebete aus anderen Religionen sind willkommen. Die Gebete werden auf Karten geschrieben und im Laufe der Zeit gesammelt, z. B. an einer großen Pappe in den Gruppenraum gehängt oder geklebt. Am schönsten ist es, wenn die Kinder erzählen können, wann dieses Gebet gesprochen wurde (dieses kann auch auf der Karte vermerkt werden). Immer, wenn eine neue Karte dazu kommt, wird das Gebet im Morgenkreis besprochen. Das jeweilige Kind darf dann seine Gebetskarte vorstellen.
Elterntipp: Gestalten Sie einen Elternnachmittag oder -abend zu diesem Thema: Oft gehören zu den Gebeten besondere Rituale. Was gibt es darüber zu berichten? Was wissen die Kinder schon darüber? Genießen Sie in dieser Zeit die Vielfalt, die dieses Thema mit sich bringen kann, für die Kinder ist es ein wichtiger Teil ihrer Identität.

Resi ist fies und gemein, Teil 1

Resilienzgedanke: **Wie löse ich die Probleme mit mir?**

Biblischer Bezug: **Matthäus 19,17.20-22**

Einführende Gedanken

Kinder wachsen heute immer noch in Kategorien von „Gut" und „Böse", „Richtig" und „Falsch" auf – zumindest haben sich die Wertmaßstäbe unserer Gesellschaft noch nicht gänzlich verabschiedet. Ein Verfall der gemeinsamen Wertmaßstäbe lässt sich zwar feststellen und beklagen, in den meisten Familien wird aber auch heute noch versucht, einen Wertemaßstab zu formulieren, zu vermittelten und umzusetzen. Kinder bekommen vermittelt, wenn sie etwas „gut" oder „schlecht" gemacht haben. Sie sind ein „liebes" oder ein „böses" Kind. Man mag die Wertmaßstäbe hinterfragen können, vorhanden sind sie aber in jedem Fall. Die Frage ist, ob die Kinder mit diesen Wertmaßstäben umgehen lernen. Können sie mit dem Lob und der Kritik, mit dem Erfolg und dem Versagen, der Belohnung und der Bestrafung umgehen? Können sie für den Umgang mit der eigenen „Wertigkeit" Ressourcen entwickeln, also auch Handlungskompetenzen im Umgang mit dem Scheitern und Versagen erarbeiten?

Der biblische Bezug greift das Thema von einer spannenden Seite her auf. Ein junger Mann kommt mit der Frage zu Jesus: „Herr, was muss ich Gutes tun, um das ewige Leben zu bekommen?" Jesus, als Gesprächspartner des jungen Mannes, geht zunächst auf die Frage ein. Er antwortet im Rahmen der biblischen Gebote und jüdischen Gesetzesvorschriften. „Halte dich an Gottes Gebote." Ohne Zögern kann der junge Mann darauf verweisen, dass er sich an die Vorschriften von Jugend an gehalten hat. Jesus widerspricht nicht, sondern lässt diese Antwort stehen. Im Rahmen der gängigen Wertmaßstäbe ist der junge Mann als „gut" zu bezeichnen. Dann erweitert Jesus die Situation. Das „Gutsein" des Mannes ist nicht als „Fahrkarte" in das Reich Gottes zu verstehen, so setzt Jesus den provozierenden Rahmen. Er fordert den jungen Mann dazu auf, alles Hab und Gut abzugeben und sich mit Jesus auf den Weg zu machen. Dazu ist der junge Mann nicht bereit.

Resi hat im Gegensatz zu dem erwähnten jungen Mann wirklich Mist gebaut. Sie hat mit den anderen Kindern auf dem Spielplatz einen Jungen fürchterlich ausgelacht und hat dann auch noch ihrer Mutter nicht die Wahrheit gesagt. Resis Mama war davon ausgegangen, dass sie solch einen Blödsinn nicht mitmachen würde. Hatten sie nicht oft genug über Jesus gesprochen und dass er jeden so liebt, wie er ist? Hatten sie nicht oft genug darüber nachgedacht, dass die Menschen einander in Achtung und Liebe begegnen sollten? Mamas Vertrauen bringt Resi in Schwierigkeiten. Dass sie selber zu denen in der Wertekategorie „Böse" gehört, behagt ihr überhaupt nicht. Sie kann mit dem Mist, den sie gebaut hat, nicht umgehen. Wen soll sie jetzt fragen, was sie machen soll? So fragt sie schließlich die Kinder und hofft auf gute Vorschläge. In dieser Einheit bekommen die Kinder die Gelegenheit, Resi zu helfen. Der Resilienzgedanke als Frage formuliert ist bewusst gewählt, um offen auf die Fähigkeiten der Kinder eingehen zu können.

Vorbereitende Fragen

Gruppensituation:

Meinen Sie, „Ihren" Kindern wird etwas einfallen?
Von wem erwarten Sie Lösungsvorschläge?
Wer wird Ihrer Meinung nach keine Idee haben und warum?
Wie gehen Sie mit Kindern um, die durch ihr Handeln Schaden anrichten?

Haben Sie Kinder in der Gruppe, die nicht damit umgehen können, Schaden anzurichten?

Persönliche Situation:

Wie gehen Sie mit Schwierigkeiten um?
Wen fragen Sie, wenn Sie nicht weiter wissen?
Wie gehen Sie mit den Seiten an sich um, die nicht erfreulich sind?

Handpuppengeschichte: Resi ist fies und gemein

Hallo, da bin ich wieder! Schön, euch zu sehen. Ich hoffe, es geht euch allen gut.
Wisst ihr was? Ich glaube, ich habe *wirklich* etwas Schlechtes getan. Mann, ist mir das unangenehm! Also, es war so: Von unserem Spielplatz hinter unserem Haus habe ich euch ja schon erzählt. Und genau dort passierte es! Linda und ich spielten gerade mit unseren Zootieren, als ein Junge auf uns zukam. Den kannte ich nicht. Der sah irgendwie schmuddelig aus. Er hatte eine Hose mit einem großen Loch auf dem Knie an und zu kurz war sie auch noch. Ich hab dann zu Linda geflüstert, „Hey, guck mal, wie der ausschaut! Was der Komisches anhat!" Wir haben total angefangen zu kichern. Der Junge fragte dann, ob er mitspielen dürfe. Wir haben erstmal gar nichts gesagt, sondern nur laut gelacht. Der Junge wurde feuerwehrrot, steckte seine Hände tief in seine Hosentaschen und hat ganz komisch geguckt. Weil Linda und ich so laut gelacht haben, kamen auch die anderen Kinder. Frieda kam angehüpft und Olli hat einfach mitgelacht, ohne zu wissen warum. Martin stand nur leise da und Max schrie: „Hey, was gibts denn hier zu lachen, hä?" Ich konnte schon gar nicht mehr reden vor lauter Lachen. Ich zeigte nur mit dem Finger auf diesen Jungen. Alle Kinder haben ihn angesehen und laut mitgelacht. Ollis laute Lache dröhnte über den Spielplatz, Frieda hüpfte immer um ihn herum, irgendwann sagte Max: „Ja, guckt euch den an!" Der Junge schaute an sich runter und als er wieder aufsah, hatte er Tränen in

den Augen. Er ist dann weggelaufen. Wir haben noch ein bisschen weitergelacht und haben dann weitergespielt.

Nach dem Abendgebet erzählte Mama mir von einer neuen Familie, die gerade am vorigen Tag bei uns ins Haus gezogen war. Die Eltern seien so froh, dass sie eine so schöne, günstige Wohnung gefunden hätten. Mama erzählte mir von dem Sohn dieser Familie, der Pascal heißt und sich total auf den schönen Spielplatz gefreut hätte. Mama war dann auf einmal ganz aufgeregt und sagte, dass Pascal heute auf dem Spielplatz ausgelacht worden sei und dass sie das total gemein fände. Wie können Kinder nur so fies und gemein sein? Mama hat mich dann angesehen und gesagt: „Wie schön Resi, dass ich weiß, dass du nicht so gemein bist. Wir haben schon so oft darüber gesprochen, dass Jesus jeden lieb hat, ganz egal, wie man aussieht, dass ich mir sicher bin, dass du Pascal nicht ausgelacht hättest." Mama gab mir einen dicken Kuss und der tat mir irgendwie weh im Gesicht. Wenn Mama wüsste, dass ich damit angefangen habe. Ich habe Pascal ja noch nicht mal zugehört. Habe ihn nicht nach seinem Namen gefragt und vor allem ihn nicht mitspielen lassen. In dieser Nacht konnte ich lange nicht einschlafen. Mama war so lieb zu mir, dass ich nicht die Wahrheit sagen konnte. Und ich habe es bis heute auch noch nicht getan.

Was mache ich denn jetzt nur? Habt ihr auch schon mal so etwas richtig Blödes gemacht? Wie hätte ich mich richtig verhalten können?

So, jetzt muss ich mich verabschieden. Ich freue mich schon auf das nächste Mal. Bis bald!

Spiele

Richtig oder falsch

Ein Raum oder ein Feld im Freien wird in zwei Hälften geteilt, eine Hälfte ist die „richtige Seite", die andere die „falsche Seite". Die Kinder erhalten den Auftrag, sich jeweils zuzuordnen. Richtig oder falsch?

Ein Kind geht bei Rot über die Straße.
Papa bezahlt das Benzin an der Tankstelle.
Schnee fällt nur im Sommer.
Wenn ich wütend bin, haue ich meinen Freund.
Äpfel sind gesund.

Durcheinander

Bei diesem Spiel laufen die Kinder im Raum einfach durcheinander und versuchen, sich gegenseitig nicht anzustoßen. Man kann die Schwierigkeit erhöhen, indem man die Spielfläche einschränkt oder entgegengesetzt mitläuft.

Resi ist fies und gemein, Teil 2

Resilienzgedanke: **Ehrlichkeit macht stark.**

Biblischer Bezug: **1. Johannes 1,9**

Einführende Gedanken

Haben die Kinder eine Lösung für Resi gefunden? Wer kennt sie nicht, die kleinen Verfehlungen des Alltags, einfach mal blau machen, die kleinen Notlügen hier und dort usw. Niemand ist davor geschützt, manchmal verletzende, falsche oder auch ungesetzliche Dinge zu tun. Der Umgang mit dem schlechten Gewissen, das sich dann evtl. einstellt, kann ganz unterschiedlich aussehen. Es gibt die „Schönredner", die sagen, dass es doch gar nicht so schlimm gewesen sei und überhaupt würden andere Leute das ja auch tun. Dadurch, dass es Dinge gibt, die ja „jeder" macht, wird die Tat nicht besser, wir reden sie uns nur besser. Dem gegenüber stehen die „Schlechtredner", die es besonders schwer haben. Sie können sich selbst nicht verzeihen und tragen es gerne nach außen. Das schlechte Gewissen, Traurigkeit und Reue stehen dieser Person ins Gesicht geschrieben. Es fällt schwer, in dieses Gesicht zu sagen: „Ja, du hast mir wehgetan und ich bin sauer auf dich!" Dann gibt es die „Verdrängungskünstler", die überhaupt nicht bemerkt haben wollen, dass sie etwas Falsches getan oder gesagt haben. Das erinnert an ein Kind, das die Augen schließt und denkt, die anderen könnten es jetzt nicht sehen. Dieser Aufzählung könnten noch viele weitere Nuancen hinzugefügt werden, letztendlich ist die Aussage aber immer die gleiche: Menschen machen Fehler! Im Sinne der Resilienzförderung wäre keine der genannten Umgangsformen zu empfehlen.
Der christliche Glaube hat an dieser Stelle einen überraschenden Lösungsvorschlag. Der biblische Bezug beschreibt eine Kernaussa-

ge des christlichen Glaubens. Auch wenn das Wort „Sünde" nicht besonders populär ist, wird es hier als Sammelbegriff für die Zielverfehlung des Menschen im Bezug auf Gott und seine Mitmenschen verwendet. Im christlichen Glauben ist Gott der Schöpfer aller Dinge, auch der Mensch ist sein Geschöpf. Das Geschöpf steht in Beziehung zu seinem Schöpfer und seinen Mitgeschöpfen. Wenn das Geschöpf dem Sinn seiner Existenz und der Verantwortung seinen Mitgeschöpfen gegenüber nicht nachkommt, verfehlt es sein Ziel. Die Lösung besteht darin, die Zielverfehlung Gott und den Mitmenschen gegenüber einzugestehen und um Vergebung zu bitten. Diese Lösung unterstützt den Erwerb der bereits genannten Basiskompetenzen: Jeder Mensch macht Fehler, diese Erkenntnis verdeutlicht dem Kind die eigene *Selbstwirksamkeit*. Wenn daraus folgt, dass ein Kind lernt, zu seinen Verfehlungen zu stehen und mit Gott darüber redet, hat es den ersten Schritt in Richtung Problemlösung getan *(Problemlösefähigkeit)*. Der nächste Schritt, dass Gott zusagt, Verfehlungen zu vergeben und nicht nachzutragen, gibt dem Kind die Möglichkeit, mit freiem Blick und reinem Herzen nach einer Lösung zu suchen und zu fragen (z. B. eine Entschuldigung). Der biblische Text stellt immer die Tat als etwas Schlechtes in den Mittelpunkt, nicht die Person. Wenn Kinder (und Erwachsene) begreifen, dass nicht sie als Persönlichkeit das Problem sind, sondern die Tat/die Zielverfehlung das Problem ist, hat das positive Auswirkungen auf das *Selbstbewusstsein*.

Vorbereitende Fragen

Gruppensituation:

Welche Strategien beobachten Sie bei den Kindern?
Wie gehen diese mit eigenen Verfehlungen um?
Wie reagieren die Kinder, wenn sie „Opfer" eines Fehlverhaltens geworden sind?

Persönliche Situation:

Können Sie sich in eine der oben genannten Verfehlungs-Umgangsformen einordnen?
Wie reagieren Sie, wenn Sie „Opfer" eines Fehlverhaltens geworden sind?
Welche Ressourcen, z. B. eine Eigenschaft wie Mut, Unterstützung oder eine Freundin bräuchten Sie, um mit Verfehlungen gut umgehen zu können?
Was hindert Sie daran, sich diese Ressource zu schaffen?

Handpuppengeschichte: Resi war fies und gemein

Hallo, da bin ich wieder! Schön, euch zu sehen. Ich hoffe, es geht euch allen gut.
Das war vielleicht eine Geschichte letztes Mal, mit diesem Gefühl, fies und gemein zu sein. Das war nicht schön!
Habt ihr eine Lösung gefunden, wie ich mich hätte verhalten können? Was wäre das Richtige gewesen?
Für mich wurde es noch richtig hart. Am nächsten Tag dachte ich, wenn ich einfach nicht mehr daran denke, wird bestimmt alles wieder gut werden und niemand wird sich daran erinnern, dass ich gemein gewesen bin. Am nächsten Morgen hat Mama mich geweckt, ich bin in den Kindergarten und danach wieder nach Hause gegangen. Ich saß beim Mittagessen, es gab Nudeln mit Tomatensoße, als es passierte. Ich hätte mich fast an den Nudeln verschluckt. Es klingelte, Mama ging an die Tür und ich hörte sie sagen: „Komm doch rein Pascal. Wir essen gerade. Möchtest du mitessen?" Ich habe mich vor Schreck hinter der Tür versteckt, aber das nützte nichts. Sie haben mich trotzdem gefunden. Das war schlimm! Da stand der Pascal auf einmal bei uns in der Küche, über den ich noch am vorigen Tag gelacht hatte. Ich wusste nicht, was ich sagen sollte. Mama hat von all dem nichts gemerkt, sagte nur: „Das ist Pascal, von dem ich dir erzählt habe. Seine Mama muss heute Nachmittag etwas erledigen und solange kann Pascal

bei uns bleiben." Ich habe nur gestottert: „Das ist ja eine gute Idee!" Pascal hat nichts dazu gesagt. Er hat nur stumm mit uns gegessen und mich manchmal merkwürdig angeschaut.

Nach dem Essen sind wir in mein Zimmer gegangen und auch, als wir alleine waren, hat er nichts von der Geschichte auf dem Spielplatz gesagt. Ich dachte schon, dass vielleicht alles nicht so schlimm sei. Wenn Pascal nichts sagt, brauche ich auch nichts zu sagen und niemand wird mehr darüber sprechen. Pascal ist echt ganz nett, aber zum Glück hat es geregnet, sonst hätten wir auf den Spielplatz gehen müssen und dann hätten alle gesehen, dass ich mit dem Hochwasser-Pascal spiele. Auch wenn er an diesem Tag ganz normal aussah, so wie du und ich.

Alles war gut, bis es an der Tür klingelte. Es war Linda, sie wollte mit mir spielen. Sie ging in mein Zimmer und da sah sie ihn: Pascal. Sie guckte kurz in mein Zimmer, machte die Tür zu und kam wieder zu mir zurück. Ich stand immer noch unschlüssig im Flur rum. „Hey, Resi", flüsterte Linda, „da ist der schmuddelige Hochwasserjunge in deinem Zimmer. Was macht der denn hier?" Sofort fing Linda wieder an zu kichern. In diesem Moment kam Mama in den Flur und sagte: „Was habe ich da gehört? Wie habt ihr Pascal genannt?" Linda plapperte kichernd drauf los: „Ja, Resi hat ihn gestern als Erste gesehen. Der Junge kam auf den Spielplatz und sah so komisch aus, dass wir alle lachen mussten. Diese Hose und überhaupt so schmuddelig. Echt lustig!"

Mama hat dann Linda nach Hause geschickt und meinte, bevor wir wieder zusammen spielen dürfen, muss sie noch etwas mit mir klären. Kaum war Linda weg, ist Mama sehr böse geworden. Sie wollte dann, dass ich mich bei Pascal entschuldige. Erst war es schwierig, die richtigen Worte zu finden. Mama wollte, dass ich Pascal genau sage, wofür ich mich entschuldigen will. Es tat mir auch wirklich leid. Irgendwann kam dann Pascals Mama und hat ihn abgeholt.

Auch an diesem Abend kam Mama wieder an mein Bett. Wir haben noch über das Entschuldigen gesprochen und ich habe Mama erzählt, dass es mir besser geht, seit ich mich entschuldigt habe. Mama hat mir dann noch etwas von Jesus erzählt und dass er weiß, dass es uns Menschen manchmal schwer fällt, immer nett zu sein. Aber er traut es uns zu, dass wir es immer mehr lernen können. Wenn wir Jesus sagen, was wir falsch gemacht haben, dann nimmt er unsere Entschuldigung an und zeigt uns, wie man es besser machen kann. Das hörte sich gar nicht so schwierig an. So, jetzt muss ich mich verabschieden. Ich freue mich schon auf das nächste Mal. Bis bald.

Spiele

Problemknoten

Alle Kinder stehen im Kreis, auf Kommando gehen die Kinder mit geschlossenen Augen in den Kreis und ergreifen mit ihren Händen andere Kinderhände. Nun nicht mehr loslassen. Augen wieder auf und nun muss dieser Knoten gelöst werden, ohne die Hände des Anderen loszulassen.

Projektidee: Entschuldigen will gelernt sein!

Besprechen Sie mit den Kindern, was es bedeutet sich zu entschuldigen und welche verschiedenen Möglichkeiten es gibt. Sammeln Sie die Worte, die die Kinder dafür benutzen könnten: Es tut mir leid, entschuldige bitte, ein hingeschleudertes „Schuldigung" u. Ä. Ermutigen Sie die Kinder, von Ihren Erfahrungen, wie und wann sie sich entschuldigt haben, zu erzählen und evtl. neue Wege auszuprobieren und sich gegenseitig zu unterstützen. Achten Sie in den nächsten Wochen besonders auf die Kultur des Entschuldigens in Ihrer Gruppe. Geben Sie immer wieder Raum, z. B. in einem Stuhlkreis, die Beobachtungen der Kinder zu besprechen. Die Kinder dürfen sich loben, wo es gut war und nach Lösungen suchen, wo es noch nicht so gut klappte.

Resi entdeckt die Geheimnisse des Waldes

Resilienzgedanke: **Meine Welt ist super!**

Biblischer Bezug: **1. Mose 1,20-21**

Einführende Gedanken

Kinder sind in der Regel sehr gut darin, die Kleinigkeiten der Welt ausgiebig zu beobachten, z. B. den Gesang eines Vogels, den Weg einer Schnecke, die Veränderungen am Wolkenhimmel oder die Geräusche der Waschmaschine. Diese Beobachtungen kommentieren sie dann je nach Temperament mehr oder weniger wahrnehmbar. In unserer schnelllebigen Zeit ist es unpopulär geworden, zuzuhören und sich Zeit zu nehmen für Beobachtungen. Ein Zeichen für den Mangel an Ruhe und Entspannung sind immer mehr Angebote, die uns Ruhe und Entspannung bringen sollen. Es wird offensichtlich immer schwieriger, sich eigenständig in einen Erholungszustand zu bringen, der uns wieder leistungs- und aufnahmebereit für unseren Alltag werden lässt. Das, was den Erwachsenen oft fehlt, ist die Fähigkeit, stehen zu bleiben, noch einmal darauf zu schauen, was gerade geschaffen oder bewältigt wurde. Die nächste Aufgabe wartet schon! So entgehen uns viele Erfolgserlebnisse und Entspannungsmomente, weil wir sie nicht bewusst wahrnehmen. Vieles, was im Laufe eines Kindergartenjahres unternommen wird, hat auf die Resilienzförderung größere Auswirkungen als wir vielleicht im ersten Augenblick vermuten. Viele Bildungspläne für Kindertagesstätten haben den Aspekt der reinen Wissensvermittlung erweitert durch einen ganzheitlichen Begriff von Bildung. Das Säen von Kressesamen im Frühling z. B. bietet nicht nur Wissen über Samenkörner, sondern vermittelt, dass neben dem Wissen Eigenschaften wie Geduld, Sorgfalt, Fürsorge und Respekt vor der Natur von großer Bedeutung sind. Ermutigen wir doch die uns anvertrauten Kinder dazu, sich weiterhin an der Natur zu erfreuen mit aller Hingabe und Verantwortung, die damit im Zusammenhang steht.

Der biblische Bezug kennzeichnet Gott als einen Schöpfer, der diese Welt mit großer Sorgfalt, mit Liebe zum Detail und mit viel Humor geschaffen hat. Er hat sich Zeit gelassen, die Welt zu betrachten und sich daran zu erfreuen. Kinder (und Erwachsene), die es gelernt haben ihre „Werke" zu würdigen, sind eher in der Lage, missglückte Handlungen zu akzeptieren und zu reflektieren. Die Frustrationstoleranz wird erweitert, wenn Kinder es lernen, genau hinzusehen und hinzuhören. Wenn sie einen Kuchen backen und er geht nicht auf, können sie entweder verzweifeln und sagen: „Ich bin nicht in der Lage, einen Kuchen zu backen. Am besten lasse ich es." Sie werden mit dem Gefühl leben müssen, es nicht zu können, weil sie versagt haben. Oder sie schauen genau hin und überlegen, woran es gelegen haben könnte. Haben sie vielleicht das Backpulver vergessen?

Resi ist eine Sabbeltasche. Es gibt wenige Momente, in denen sie ihre Aufmerksamkeit auf das Hören und weniger auf das Sprechen lenkt. In der Geschichte macht sie die Erfahrung, wie es ist, zuzuhören und entdeckt darüber ganz neue Aspekte der Natur. Resi freut sich über ihre neue Erfahrung und ist glücklich darüber, dass Gott uns die Welt zum Geschenk gemacht.

Vorbereitende Fragen

Gruppensituation:

Gibt es Kinder, die immer schnell von einem Spiel zum nächsten springen, ohne ihr Werk zu beachten?
Welches Kind braucht Unterstützung beim genauen Hinsehen und Hinhören?

Welche Kinder können das besonders gut?
Wie können die Kinder voneinander lernen?

Persönliche Situation:

Wie gehen Sie mit Erfolg und Misserfolg um?
Fällt Ihnen spontan ein, was Sie an diesem Tag gut gemacht haben?
Haben Sie Zeiten im Alltag, in denen Sie Zeit haben, um zu verweilen?
Wenn nicht, wo und wann könnten Sie Zeiten einrichten um zu sehen, dass „es gut war"?

Handpuppengeschichte: Geheimnisse des Waldes!

Hallo, da bin ich wieder! Schön, euch zu sehen. Ich hoffe, es geht euch allen gut.
Ich bin froh, dass ich das mit dem Entschuldigen gelernt habe. Na ja, ein wenig jedenfalls, manchmal finde ich es noch schwierig, mich zu entschuldigen. Mama sagt dann immer, wenn es einfach wäre, könnten wir es ja schon alle.
Wie sieht es bei euch aus? Welche Worte sagt ihr, wenn ihr euch entschuldigt?
Auf jeden Fall ist es mit Pascal und mir richtig gut geworden. Pascal kommt mich jetzt häufiger besuchen, auch Linda lacht nicht mehr über ihn. Es macht sogar richtig Spaß, wenn wir zusammen spielen. Pascal mag Abenteuer, deshalb sind auch seine Hosen so oft zerrissen. Er klettert gern und zieht oft durch den Wald oder durch den Stadtpark. Da dürfen wir natürlich nicht alleine hin, aber manchmal kommt Pascals Papa mit und kriecht mit uns durch das Unterholz oder klettert mit uns auf Bäume. Pascal redet nicht so viel. Er sagt immer, es gibt so viel zu hören, da bräuchte man gar nicht so viel zu reden. Das fand ich erst ziemlich komisch, Linda und ich quasseln eigentlich den ganzen Tag. Mama nennt uns deshalb manchmal Sabbelmäuse. Normalerweise stört es Pas-

cal nicht, wenn wir immer so viel reden, aber einmal, als wir im Wald waren, meinte er auf einmal: „Psst, seid doch mal leise. Hört ihr es denn nicht?" Wir haben natürlich mal wieder nichts gehört als uns selber. „Hört doch! Es singen so viele Vögel heute in den Bäumen. Manchmal höre ich genau hin und versuche herauszufinden, was sie wohl sagen."

Pascal war total begeistert von den Vogelstimmen. Linda und ich haben uns nur angeschaut und wussten auf einmal nicht mehr, was wir sagen sollten. Wir haben uns dann alle auf einen Baumstamm gesetzt und Pascal flüsterte: „So, jetzt hört einfach nur zu. Mal sehen, wie viele verschiedene Stimme ihr hören könnt." Verschiedene Stimmen? Ich dachte, Vögel singen alle gleich. Am Anfang fand ich es deshalb ganz komisch, dazusitzen und in den Wald hineinzuhören, aber dann wurde es richtig schön. Es waren ganz verschiedene Vögel, deren Namen ich nicht alle kenne, aber sie haben richtig schön gesungen. Es gab Vögel, die haben ganz schnell und hoch gesungen, andere ganz langsam und mit tiefer Stimme. Manchmal war es ein Trillern, manchmal hörte es sich an wie richtige Sätze. Bei einem kleinen Vogel, der ganz alleine auf einer Birke saß, hörte es sich so an, als ob er rufen würde: „Wo seid ihr denn alle? Wo seid ihr denn alle?", und dann kam tatsächlich eine Antwort von einem Vogel auf einem anderen Baum. Ob er dort seinen Freund gefunden hat?

So saßen wir eine ganze Zeit da und haben uns die Vögel angehört und Pascals Papa hat uns etwas über die Vögel des Waldes erzählt. Da gab es Buchfinken, Blaumeisen, Eichelhäher und noch ganz viele andere.

Kennt ihr die?

Es war sehr schön. Irgendwann mussten wir dann nach Hause. Wir haben zusammen Abendbrot gegessen und dabei die Vogelstimmen nachgemacht. Das war sehr lustig. Ach ja, es war ein schöner Tag. Abends nach dem Gebet habe ich Mama gefragt, warum es so viele verschiedene Vögel gibt. „Weißt du, Resi", hat sie gesagt, „Gott hat die Vögel und alle anderen Tiere gemacht, damit wir uns daran erfreuen können. Gott hat uns die Erde mit allem, was darauf lebt, zu einem Geschenk gemacht." Da habe ich gestaunt. Gott

hat die Welt auch für mich gemacht! Das ist vielleicht ein Ge-
schenk!
Worüber freut ihr euch denn, wenn ihr euch in der Natur umschaut?
Mögt ihr die Vögel oder gefallen euch andere Tiere besser?
So, jetzt muss ich mich verabschieden. Ich freue mich schon auf
das nächste Mal. Bis bald.

Spiele

Schau genau!

Auf dem Tisch liegen 8-10 verschiedene Gegenstände. Die Kinder
stehen um den Tisch und drehen sich dann nach außen, während
die Erzieherin/der Erzieher einen Gegenstand vom Tisch nimmt.
Die Kinder drehen sich um und müssen herausfinden, welcher Gegenstand weggenommen wurde. Wer es weiß, ruft es laut.

Variante: Das Ergebnis soll nicht laut herausgeschrieen werden,
sondern die Erzieherin wartet, bis jeder es gefunden hat und fragt
alle Kinder zum Abschluss.

Blindenhund

Es werden Paare gebildet. Immer ein Kind bekommt die Augen
verbunden und führt das andere Kind durch den Raum und muss
dabei erklären, was es sieht und was im Wege steht.

Projektidee

Besuch im Tierpark: Die Kinder werden in Kleingruppen aufgeteilt
mit je einer Betreuungsperson (Erzieher und Eltern) und bekom-
men den Auftrag, sich eine bestimmte Tierart (Bären, Vögel,
Dammwild) genau anzuschauen und Informationen zu sammeln.
Hier ist wieder Kreativität gefragt: Tiere malen, fotografieren,
Stimmen aufnehmen, Tierwärter fragen usw.

Im Kindergarten werden die Tiere den anderen Kleingruppen vorgestellt. Das gesammelte Material kann in einer Ausstellung gezeigt werden, die auch die Eltern und andere Gruppen besuchen dürfen. Eine Tierausstellung kann natürlich immer wieder erweitert werden, z. B. wenn ein Kind ein neues Haustier bekommt.

Projekt: Wir basteln uns einen eigenen Vogelwald. Schablone für einen Vogel, Flügel aus verschiedenfarbigem Transparentpapier. Die Vögel der Kinder werden in eine Grünpflanze im Kindergarten gehängt oder gestellt.

Resi erlebt Lindas Angst

Resilienzgedanke: **Ich darf Angst haben.**

Biblischer Bezug: **Johannes 16,33**

Einführende Gedanken

Kann Angst stark machen? Das Gefühl Angst hat wahrscheinlich so viele Nuancen wie es Menschen auf der Welt gibt, denn jeder beschreibt seine Angst mit ganz individuellen Worten. Da gibt es die lähmende Angst, die es einem unmöglich macht, sich aus der angstmachenden Situation zu entziehen, es gibt die panische Angst, die unsere Füße auf einmal weglaufen lässt, ohne dass wir bewusst den Befehl dazu gegeben haben, das mulmige Gefühl, die schleichende Angst, die kribbelnde Angst usw. Der Angst steht der Mut gegenüber, den wir ja schon in der dritten Geschichte angesprochen haben. Was aber Angst für den Einzelnen bedeutet, ist ganz unterschiedlich. Ängste entwickeln sich oft aus negativen Erfahrungen, wobei das schlechte Gefühl, das sich aus einer Situation entwickelt, von außen nicht unbedingt nachvollziehbar sein muss. So kann es sein, dass Sie auf einem Ausflug einem Hund begegnen und es als eine Randbegebenheit im Kopf behalten, aber eines der Kinder sich so sehr erschreckt, dass es künftig Angst vor Hunden hat. Solche Begebenheiten lassen sich nicht verhindern, aber sie zeigen, wie wichtig es ist, die Ängste der Kinder nicht zu übersehen.

Die bereits erwähnte Skalierung (1= keine Angst – 10 = ganz fürchterliche Angst) hilft dem Kind, das Ausmaß der eigenen Angst zu beschreiben und gibt ihnen ein Bild, wie groß die Angst wirklich ist. Das Thema Angst beinhaltet viele Möglichkeiten, die Basiskompetenzen zu stärken, Wenn den Kindern z. B. bewusst ist, dass bestimmte Äußerungen, Gesichtsausdrücke, Handlungen für andere Kinder angstmachend sind, bekommen sie ein Gefühl für die eigene Selbstwirksamkeit.

Eine vergleichbare Erfahrung macht Resi in der folgenden Geschichte. Ein Ort, der für sie Geborgenheit bedeutet, macht Linda ganz fürchterliche Angst. Es fällt Resi schwer zu begreifen, dass sie so anders fühlt als Linda. Resi kann nicht verstehen, warum Linda solche Angst hat. Mama erzählt ihr von der einzigen Person, die jede Angst nachvollziehen kann: Jesus Christus. Damit ist der biblische Bezug angesprochen. Als Mensch hat Jesus auf der Erde viele angstmachende Situationen durchlebt und alle menschlichen Tiefen kennengelernt. Jesus verspricht nicht, den Menschen alle Angst zu nehmen, denn das gehört mit zum Leben, sondern, ganz im Sinne der Resilienzförderung, Menschen bei der Bewältigung zu unterstützen und zu begleiten. Als Erzieherin und Erzieher müssen sie nicht jede Angst der Kinder verstehen, aber sie können die Kinder begleiten und ernst nehmen. Haben sie vielleicht sogar ein Gebet (in Einheit 5) gegen die Angst formuliert oder gefunden?

Vorbereitende Fragen

Gruppensituation:

Gibt es Situationen, Orte oder Menschen in Ihrer Einrichtung oder der Umgebung, die vielen Kindern Angst machen?
Wissen Sie, welche Kinder welche Ängste haben? Kennen Sie die Auslöser?
Was tun die Kinder, wenn ein Kind Angst hat? Gibt es schon Bewältigungsstrategien in der Gruppe, z. B. in den Arm nehmen, der Erzieherin Bescheid sagen u. Ä.?
Bei welchen Kindern könnte es sinnvoll sein, mit den Eltern über Ängste zu sprechen?

Persönliche Situation:

Gibt es Situationen, Orte oder Menschen in Ihrer Umgebung, die Ihnen Angst machen?
Wie bewältigen Sie Ihre Angst? Verdrängung? Ressourcen mobilisieren?

Handpuppengeschichte: Lindas Angst

Hallo, da bin ich wieder! Schön, euch zu sehen. Ich hoffe, es geht euch allen gut.
Letzte Woche habe ich vielleicht etwas erlebt! Ich bin mit Mama und meinen Brüdern Tim und Tom spazieren gegangen und wir waren noch gar nicht weit weg, da haben wir sie gesehen. Wie habe ich mich gefreut. Ich bin hingelaufen und habe gerufen: „Hey, alte Freundin, wo warst du denn die ganze Zeit? Ich hab dich schon so lange gesucht." Meine Brüder haben an ihr herumgezupft und sich hinter ihr versteckt. Das fand ich aber doof. Das tat ihr bestimmt auch weh! Ihr wisst gar nicht, worüber ich spreche, oder? Das ging Linda auch so.
Als wir wieder zu Hause waren, bin ich sofort zu Linda gelaufen und habe es ihr erzählt. Ich war so aufgeregt, dass ich gar nicht bemerkt habe, dass Linda komisch gekichert hat. Irgendwann fiel es mir dann aber doch auf und ich hab gefragt: „Linda, warum kicherst du so? Bist du eine Kichererbse, oder was?" „Nee!", hat Linda gesagt und kicherte wieder, „aber du redest so komische Sachen, da muss ich eben lachen. Was hast du denn überhaupt gefunden? Ich versteh' nur Bahnhof." Da hatte ich doch glatt vergessen, das Wichtigste zu erzählen. Da musste ich dann auch doll lachen. Ich hatte vor Aufregung nicht erzählt, was ich denn gefunden hatte.
Wisst ihr, es was ich gefunden habe?
Ich habe eine Trauerweide oder, wie ich sie nenne, einen Höhlenbaum gefunden. Einen neuen Höhlenbaum, juhu, juhu, juhu! Wisst ihr noch? Davon hatte ich in der ersten Geschichte erzählt. Und nun habe ich wieder einen gefunden. Das ist wirklich wunderbar.

Am nächsten Tag sind Linda und ich hingegangen. Er ist überhaupt nicht weit weg. Dass mir dieser Baum nicht schön früher aufgefallen ist, ist schon merkwürdig. Na, egal!

Linda und ich haben Wolldecken, Kekse und Saft mitgenommen und wollten so den neuen Höhlenbaum begrüßen. Aber dann kam alles anders. Wir saßen auf den Decken unter dem Baum, die Zweige hingen fast bis auf die Erde und ein paar Sonnenstrahlen schienen durch die Blätter. Ich fühlte mich richtig gut.

Da hörte ich auf einmal ein tiefes Schluchzen. Linda saß neben mir, hatte ihre Beine fest an den Körper gezogen, die Arme darum geschlungen und den Kopf auf die Knie gelegt. Stellt euch vor: Linda fand es unter dem Höhlenbaum total gruselig und hatte Angst. Kann das denn wahr sein? Ich fühlte mich so glücklich und Linda hatte Angst. Na ja, wir sind dann eben wieder nach Hause gegangen.

Abends nach unserem Gebet habe ich Mama gefragt, warum Linda unter meinem Höhlenbaum Angst gehabt hat. Das wusste Mama aber auch nicht, dafür wusste sie etwas anderes. Mama sagte, dass alle Menschen Angst haben. Angst schützt uns auch manchmal, etwas Übermütiges zu tun. Sogar Jesus hatte Angst und alle seine Jünger und überhaupt jeder Mensch. Mama meinte, wir müssten gar nicht so tun, als ob wir keine Angst hätten, denn Jesus hat gesagt: „Es ist in Ordnung, dass ihr Angst habt! Ich kenne jede Angst und verspreche euch, dass ich euch helfen werde." Wusstet ihr das? Jesus kennt jede Angst.

Wovor habt ihr denn Angst?

Also, ich fürchte mich schrecklich, wenn der kleine Hund unseres Nachbarn so laut bellt und knurrt. Wenn ich den höre, laufe ich immer ganz schnell weg. Aber vor euch habe ich keine Angst, ich finde es immer sehr schön hier, aber nun muss ich mich trotzdem verabschieden. Ich freue mich schon auf das nächste Mal. Bis bald.

Spiele

Resi und Linda erleben ein und dieselbe Situation ganz unterschiedlich. Das, was der einen Angst macht, ist für die andere sehr schön. Es gibt viele Dinge, die wir unterschiedlich wahrnehmen. Die Kinder dürfen erproben, wo die Unterschiede liegen.

Körperwahrnehmung

Material: Verschiedene Gegenstände mit unterschiedlicher Oberfläche: Putzschwämme, Spül- oder Nagelbürsten, Igelball, Watte, Schmirgelpapier, Samt, Seide, grober Leinenstoff, Eiswürfel, Rasierschaum usw.
Was fühlt sich gut an? Die Kinder dürfen ausprobieren, wie es sich an ihrem Körper anfühlt. Gibt es Körperteile, an denen es sich anders anfühlt als an anderen Stellen? Beispiel: Eis im Gesicht ist schön, Eis auf dem Bauch ist unangenehm.

Gefühlswürfel

Die sechs Gefühlsgesichter (siehe Anhang) kopieren, ausschneiden und auf einen großen Würfel (Bastelbedarf) kleben.
Variante 1: Die Kinder würfeln und benennen jeweils das gewürfelte Gefühl. Der ganze Körper darf in die Darstellung einbezogen werden. Erarbeiten Sie mit den Kindern die typischen Ausdrucksmerkmale für die jeweiligen Gefühle.
Variante 2: Ein Kind würfelt versteckt und stellt das Gefühl dar, die anderen Kinder erraten es.
Variante 3: Die Kinder würfeln der Reihe nach und erzählen zu dem jeweiligen Gefühl eine erfundene oder erlebte Geschichte.

Resi will schöner, besser, größer sein

Resilienzgedanke: **Ich bin wichtig! Du bist wichtig!**

Biblischer Bezug: **Markus 9,33-35**

Einführende Gedanken

Es scheint ein menschliches Bedürfnis zu sein, sich gut darzustellen und dieses auch in das Umfeld zu demonstrieren. Wer ist besser, schöner, größer? Wenn einer erzählt, er ist fünf Kilometer gelaufen, ist bestimmt jemand da, der zehn Kilometer gelaufen ist. Selbst mit schlechten Erfahrungen wird das gleiche Spiel gespielt. Wenn eine Kollegin erzählt, dass sie schreckliche Kopfschmerzen habe, gibt es garantiert jemanden im Kollegenkreis, der noch viel schlimmere Schmerzen und dazu noch Fieber hat. Was sagen uns solche Erlebnisse? Wer ist mehr wert? Woran wird der Wert eines Menschen gemessen? Zu dem benannten Bedürfnis gehört es, nicht zuzugeben, dass man sich für etwas Besseres hält. Ich denke, es gibt wenige Menschen, die laut aussprechen, dass sie sich für besser, größer oder schöner halten als andere, weil sie Markenklamotten besitzen, eine gute Ausbildung haben und viel Geld für wohltätige Zwecke spenden.

Die Situation, die in dem biblischen Bezug geschildert wird, fängt an, wie es auch in vielen Haushalten passiert, wenn die Kinder aus dem Kindergarten oder der Schule kommen. Jesus fragt die Jünger nach ihrem Ergehen und dem Thema ihrer Unterhaltung. Irgendwie muss ihnen ihr Gesprächsthema aber peinlich gewesen sein, denn sie sprudeln nicht los wie einige Kinder, wenn sie nach Hause kommen, sondern schweigen verlegen. Dann rückt einer der Jünger mit dem Thema der Unterhaltung heraus. Die Freunde von

Jesus haben darüber gesprochen, wer unter ihnen der Größte sei. Jesus stellt in dieser Situation mal wieder alles auf den Kopf. In seinem Verständnis ist nicht der Bessere, Schönere und Größere der Erste, sondern der, der sich auf andere Menschen und ihre Bedürfnisse einlässt. Damit ist keine falsche Bescheidenheit gemeint, sondern eine aufrichtige Liebe zu den Mitmenschen (Nächstenliebe).

Diese Geschichte macht deutlich, wie unwichtig ein Rangstreit in welcher Form auch immer ist. Wenn die Hauswirtschafterinnen in Ihrer Einrichtung immer darum streiten würden, wer besser kochen kann, würden die Kinder nichts zu Essen bekommen. Wenn Sie als Erzieherinnen und Erzieher immer nur darum kämpfen würden, wer mehr Kompetenzen und kreativere Ideen hat, würde den Bedürfnissen der Kinder nicht nachgekommen werden. Jesus hat immer auch die unterschiedlichen Stärken und Schwächen seiner Freunde im Blick gehabt und die Kraft, die aus der Gemeinschaft entsteht. Gemeinsam sind wir was! Angeben und Protzen hat da keinen Platz.

Vorbereitende Fragen

Gruppensituation:

Gibt es Kinder, die ausgegrenzt werden, weil sie so sind, wie sie sind?
Welche Motive stecken hinter den Ausgrenzungen?
Gibt es Angeber und Wichtigtuer in Ihrer Gruppe?
Wie gehen die Kinder damit um? Wer ist beeindruckt von Angeberei, wer nicht?

Persönliche Situation:

Wie gehen Sie mit Angebern und Wichtigtuern um?
Was würden Sie denen gerne sagen?
Welche Haltung wünschen Sie sich für Ihre Einrichtung?

Handpuppengeschichte: Schöner, besser, größer!?

Hallo, da bin ich wieder! Schön, euch zu sehen. Ich hoffe, es geht euch allen gut.

Sagt mal, was macht ihr eigentlich, wenn es regnet?

Vor ein paar Tagen hat es ganz doll geregnet, sodass wir nicht auf den Spielplatz gehen konnten. Dafür ist Linda mit ihrer Mutti gekommen. Als Mama die Tür öffnete, sagte sie: „Schön, dass ihr das seid, stellt euer Schlauchboot einfach in die Badewanne, dann könnt ihr später damit wieder nach Hause paddeln." Die beiden Mamas haben ganz doll lachen müssen. Linda und ich haben an diesem Nachmittag mit unseren Puppen gespielt. Meine Puppe heißt Mimi. Ich hatte ihr das schönste Kleid von allen angezogen, es ist schwarz-rot kariert und hat vorne einen Marienkäfer drauf. Das Kleid habe ich mir selbst ausgesucht. Ich bin nämlich mal mit Oma in der Stadt gewesen und da durfte ich mir im Spielzeugladen etwas aussuchen. Das war nicht einfach, es gibt ja so viele verschiedene schöne Puppenkleider, aber das hat mir besonders gefallen. Oma hat mir das Geld gegeben und ich durfte es alleine an der Kasse bezahlen. Das war aufregend. Ich habe Mimi also dieses Kleid angezogen und wisst ihr was? Die Linda hat sich darüber lustig gemacht. Ihre Puppe Constanze hatte ein rosa Kleid mit kleinen weißen Schleifchen und darunter ein weißes Hemdchen an. Linda meinte, ihre Puppe wäre viel schöner angezogen. Das war ganz gemein! Wir haben uns dann richtig gestritten. Mimi hat viel schönere Haare, Constanze kann richtig Pipi machen, dafür kann Mimi ihre Augen auf und zu machen, Constanze hat 12 verschiedene Kleider, na ja und so weiter.

Ich bin dann zu Mama gelaufen und wollte, dass sie Linda sagt, dass meine Puppe die allerbeste von allen ist. Aber statt Linda mal so richtig die Meinung zu sagen, hat Mama mich gefragt, ob ich wisse, welche Puppe Jesus besser gefallen hätte. Was ist das denn für eine Frage?

Was meint ihr, welche Puppe Jesus besser gefallen hätte?

Linda und ich haben gar nichts gesagt, sondern nur große Augen gemacht. Die beiden Mamas sind wieder ins Wohnzimmer gegangen. Uns tat es leid, dass wir uns gestritten hatten und wir haben uns gegenseitig entschuldigt, danach haben wir einfach weitergespielt.

Später sind Linda und ihre Mama, natürlich ohne Schlauchboot, nach Hause gegangen. Es hatte inzwischen aufgehört zu regnen. Als Mama abends an meinem Bett saß und wir unser Gebet gesprochen hatten, wollte ich die Antwort auf die Frage hören: Welche Puppe hätte Jesus besser gefallen? Mama hat mir erzählt, dass die Freunde von Jesus sich auch darüber gestritten hätten, wer der Beste von ihnen wäre. Jesus hat ihnen gesagt, dass es niemanden gibt, der wichtiger oder schöner ist als der andere, aber dass wir uns damit schaden, wenn wir immer danach fragen, wer besser ist. Da war mir der Streit mit Linda vom Nachmittag richtig peinlich. Wenn wir nicht darum gestritten hätten, welche Puppe nun die Schönste ist, dann hätten wir einfach schön spielen können. So war es ein misslungener Spielnachmittag. Mama meinte dann noch, dass es viel schöner für mich wäre, wenn ich mich auch über das freue, was Linda hat und kann. Eigentlich fand ich Lindas Puppe und ihre Kleider super schön, aber das mochte ich ihr nicht sagen. Ich glaub, das werde ich noch nachholen. So, jetzt muss ich mich verabschieden. Ich freue mich schon auf das nächste Mal. Bis bald!

Spiele: Gemeinsam sind wir was

Zielwurf

Material: 1 Eierschachtel pro Gruppe, 10-20 Kastanien pro Gruppe
Ablauf: Die Eierschachteln werden auf einen Tisch oder auf den Fußboden gestellt. Die Kinder werden in zwei Gruppen eingeteilt und stellen sich hintereinander auf, ca. 1,5 Meter von den Eierschachteln entfernt. Jede Gruppe versucht nun nacheinander, die Kastanien jeweils in eine der 10 Eiersteckplätze zu werfen. Jedes Kind hat einen Versuch, nach dem Wurf stellt es sich wieder hinten an. Die Gruppe, die die meisten Kastanien in den Eierkarton geworfen hat, hat gewonnen.

Kreishüpfen

Bei diesem Spiel wird an das Ende eines Seiles ein Sandsäckchen oder Kissen gebunden. Danach stellen sich die Kinder im Kreis auf, die Erzieherin in der Mitte. Die Erzieherin beginnt nun, das Seil um sich zu drehen, wobei die Kinder über das Kissen hüpfen müssen. Springt ein Kind nicht rechtzeitig oder nicht hoch genug, sodass das Seil hängen bleibt, muss das Kind den Kreis verlassen. Ziel ist es, so viele Runden wie möglich zu schaffen (längstens, bis der Erzieherin schwindelig oder schlecht wird). Dafür müssen alle Kinder konzentriert sein. Den Rundenrekord schafft die Gruppe nur gemeinsam.

Resi sitzt im (Kirchen-) Schiff

Resilienzgedanke: **Ich bin nicht allein!**

Biblischer Bezug: **Matthäus 8,24-26**

Einführende Gedanken

Wussten Sie, dass der Innenraum der Kirche Kirchenschiff heißt? Oder haben Sie sich womöglich schon mal Gedanken gemacht, warum der Innenraum Kirchenschiff heißt?

Ein Boot, vor allem, wenn es sich um eine kleine Nussschale handelt, vermittelt nicht unbedingt viel Sicherheit. Im biblischen Bezug geht es zwar nicht um eine Nussschale, sondern um ein ausgewachsenes Fischerboot, aber zu einer notvollen Situation kommt es dennoch. Die Jünger waren beinahe alle erfahrene Fischer und kannten sich mit Wind und Wellen aus. Der Sturm muss ziemlich heftig gewesen sein, wenn hartgesottene Seebären Angst bekommen. Das Besondere an dieser Geschichte ist aber nicht, dass Fischer Angst haben, sondern dass Jesus den Sturm stillt. Aus einem Schiff, das von den Wogen hin und her geworfen wird, macht Jesus durch die Stillung des Sturmes einen Ort der Sicherheit und Geborgenheit. Die Stillung des Sturmes lädt ein zu Übertragungen auf Situationen, die sich in unserem Leben anfühlen wie ein Sturm und in denen wir Angst haben um unser Leben. Wenn es mal wieder allzu stürmisch wird im Alltag, wünscht man sich oft, dass jemand kommt und den Sturm besänftigt.

Die Situation im Fischerboot lässt sich auf die Situation im Kirchenschiff (in einem Schiff, das sich Gemeinde nennt) übertragen. Auch dieses Schiff ist kein sicherer Ort, weder für die Gemeinschaft der Christen, noch für den einzelnen Menschen, der Teil der

Gemeinschaft ist. Das „Kirchenschiff" als Ganzes als auch die Schiffsreisenden sind den Stürmen des Lebens ausgesetzt. Die Frage, die Jesus seinen Freunden im Fischerboot stellt, gilt auch heute: „Warum habt ihr denn Angst? Vertraut mir doch!" Das mit dem Vertrauen ist so eine Sache. Wie schwer fällt es uns bereits, Menschen zu vertrauen, die wir sehen und wir sollen Jesus vertrauen, den wir nicht sehen.

Ein Besuch in einer Kirche, auch oder gerade außerhalb von Gottesdiensten und Veranstaltungen, kann helfen sich vorzustellen wie es ist, mit Jesus in einem Boot zu sitzen. Und manchmal fällt es dann leichter, sich darauf einzulassen, dem zu vertrauen, dem Wind und Wellen gehorchen.

Resi lernt in der folgenden Geschichte eine Menge Schiffe und Boote kennen und ist sehr beeindruckt. Resi versteht das noch nicht alles, aber sie ist beeindruckt, dass Jesus so stark ist, dass der Wind auf ihn hört. An eine Kraft zu glauben, die stärker ist als man selber und auf die man sich verlässt, ist eine große Ressource, bedeutet es doch, dass man selber diese Kraft nicht aufbringen muss. Antonowski *(siehe Einleitung: Salutogenese)* bezeichnet es sogar als einen sehr entscheidenden Faktor, um das Leben als sinnvoll zu erleben.

Vorbereitende Fragen

Gruppensituation:

Haben Sie Kinder in der Gruppe, die sich mit Angst schwer tun?
Wie gehen die Kinder mit Angst um?
Welche unterschiedlichen Strategien können Sie beobachten?
Welche Kinder brauchen Zuspruch, welchen können Sie den Umgang mit der Angst zutrauen?
Welche Erfahrungen haben die Kinder im Kirchenraum gemacht?
Gibt es Kinder, die noch nie eine Kirche betreten haben?

Wie ist Ihr Verhältnis zum Kirchenraum?
Wie ist Ihr Verhältnis zur kirchlichen Gemeinschaft?

Handpuppengeschichte: Kajak, Segelboot, Kirchenschiff

Hallo, da bin ich wieder! Schön, euch zu sehen. Ich hoffe, es geht euch allen gut.
Wisst ihr, was echt lustig ist? Boot fahren!
Seid ihr schon mal mit einem Boot gefahren?
Ich bin am letzten Wochenende mit Mama, Tim und Tom in Hamburg gewesen und da gibt es alle möglichen Boote.
Kennt ihr auch welche?
Ich hab in Hamburg riesige Containerschiffe und ganz kleine Kajaks gesehen, dann gab es dort Tretboote und Ruderboote und Paddelboote. Das war echt lustig. Am Samstagmorgen haben wir eine Hafenrundfahrt auf der Elbe gemacht, da hat der Kapitän viel erzählt, das war ein bisschen langweilig, viel spannender waren die Wellen, die gegen das Schiff schlugen. Ich bin sogar nass geworden und die Luft schmeckte so salzig. Auf dem Wasser war ganz viel Schaum drauf, Mama sagte, den Schaum nennt man Gischt. Das fand ich lustig, dass die Leute in Hamburg ihren Schaum Gischt nennen. Ob die dann auch Gischt in der Badewanne haben oder Gischt aus der Limonadenflasche kommt, wenn man doll schüttelt? Mama meinte aber, dass nur der Schaum auf dem Meer Gischt heißt und das überall. Auf jeden Fall fand ich die Boote klasse. Am Nachmittag sind wir noch mal Boot gefahren und zwar Tretboot auf der Alster. Wir Kinder mussten Schwimmwesten anziehen, damit wir nicht untergehen, falls wir aus dem Boot fallen. Und wenn dann einer fällt, hat uns der Bootsbesitzer erklärt, muss man laut „Mann über Bord!" rufen. Das mussten wir mit ihm üben. Wir waren ziemlich gut. Tim und Tom war das egal, die sind auf dem Bootssteg rumgelaufen und gesprungen, dass einem ganz „dösig" im Kopf wurde, wie man in Hamburg sagt. Auf

der Alster konnten wir Enten und Schwäne von unserem Boot aus sehen und viele andere Boote, die haben manchmal ganz hohe Wellen gemacht. Da hatte ich ein bisschen Angst.

Abends sind wir dann noch mal in einem Boot gewesen. Ein riesiges Schiff. Mal sehen, ob ihr erraten könnt, was das für ein Schiff war. Dieses Schiff gibt es in klein oder riesig groß. Es passen aber immer Menschen rein. Es ist nicht im Wasser und kann auch nicht schwimmen und ist trotzdem ein Schiff. *Na, wisst ihr es?* Mama war mit uns in einer Kirche und da hat der Pastor uns erklärt, dass der Raum, in dem die Menschen sitzen, Kirchenschiff heißt. Das fand ich lustig! Tim, Tom und ich durften ein bisschen in der Kirche rumlaufen und uns alles anschauen. Die Zwillinge sind auf den Bänken balanciert und haben Piraten gespielt. Irgendwann gab es dann ein heftiges Poltern, einen Schrei und ein lautes „Mann über Bord." Da war doch Tim von einer Bank gefallen und Tom hat laut gerufen. Mama kam sofort angelaufen und hat Tim getröstet, der hatte eine dicke Beule.

Der Pastor erzählte dann, dass Jesus viel mit seinen Freunden im Boot unterwegs gewesen ist, einmal sogar in einem ganz schlimmen Sturm und dann hat er einfach zu dem Sturm gesagt: „Schweig still!". Sofort war der Sturm still. Der Innenraum der Kirche heißt auch deshalb Kirchenschiff, weil das ein Ort ist, an dem Jesus ganz nah bei uns ist und wir genauso sicher und geschützt sind wie die Freunde von Jesus in dem Fischerboot. Ich finde es toll, mit Jesus zusammen Boot zu fahren, da brauche ich ja gar keine Angst vor den hohen Wellen haben.

Abends haben Mama und ich noch gebetet und ich bin sofort eingeschlafen und habe von Schiffen geträumt. So, jetzt muss ich aber los. Ich freue mich schon auf das nächste Mal. Bis bald!

Spiele

Mann über Bord!

Alle Kinder laufen durcheinander oder im Kreis herum. Die Erzieherin gibt Kommandos. Bei dem Kommando „Wind" halten die Kinder sich an etwas oder jemandem fest. Bei „Wasser" springen sie auf eine Bank oder Ähnliches. Wer als letzter fertig ist oder das Falsche tut, scheidet aus. Auf das Kommando „Mann über Bord" können alle ausgeschiedenen Kinder wieder mitmachen. Die Kinder bilden blitzschnell eine lange Kette, um den über Bord Gefallenen zu retten. Die Kinderkette kann stehend gebildet werden, indem die Kinder sich an den Händen fassen oder alle werfen sich auf den Boden und es werden immer die Füße des Vordermannes angefasst.

Meeresungeheuer

Die Kinder spielen Fische, die im Meer schwimmen. Der Erwachsene ist das Meerungeheuer, das versucht, die Fische zu fangen. Zunächst schwimmen die Fische im Meer; das heißt, die Kinder bewegen sich zu folgenden Kommandos, welche das Meerungeheuer ruft:
„Das Meer ist ruhig." – Schleichen auf Zehenspitzen!
„Das Meer schlägt leichte/hohe Wellen." – Hüpfen!
„Das Meer ist stürmisch." – Zickzack laufen!
„Die Flut kommt" – Schwimmbewegungen mit den Armen!
„Die Ebbe kommt" – Schnell weglaufen, denn bei Ebbe steigt das Meerungeheuer aus der Tiefe auf und will die kleinen Fische schlucken!
Bei den jüngeren Kindern genügen zunächst drei Kommandos, welche sich die Kinder merken sollen. Je älter die Kinder sind, umso mehr Kommandos kann man hinzunehmen.

Projektidee

Theaterprojekt Stillung des Sturms
Erzählen Sie den Kindern die Geschichte der Stillung des Sturmes (Mathäus 8,23-27) und ermutigen Sie die Kinder, die Geschichte nachzuspielen. Welche Rollen müssen besetzt werden? Welche Requisiten werden gebraucht? Wer kann ein Boot bauen? Wie macht man das Wasser? Lassen Sie sich auf die Ideen der Kinder ein und unterstützen Sie nur, wenn die Kinder Sie fragen.

Resi ist ein Wunder

Resilienzgedanke: **Ich bin wunderbar gemacht.**

Biblischer Bezug: **Johannes 2,7-10**

Einführende Gedanken

Das Wort „Wunder" ist in unserer Umgangssprache tief verankert und wird in negativen wie positiven Zusammenhängen benutzt. Auch zum Ausdruck von Ironie oder Sarkasmus kann man es wunderbar einsetzen. So hat es in unserer Sprache durchaus seinen Platz, aber nicht in unserem Erleben. Viele Dinge passieren und wir nehmen sie wahr, wenn sie negative Auswirkungen haben, z. B. das Kind, das zum wiederholten Mal an diesem Tag einnässt oder die Prügelei um ein Spielzeug. Wie ist es aber mit den Dingen, die nicht geschehen: die vielen Kinder mit trockenen Hosen, die den Wettlauf gegen ihre Blase gewinnen und rechtzeitig auf der Toilette ankommen oder die, die sich einigen ohne sich zu prügeln. Ist es schon ein Wunder, wenn ein Kind mal eine Stunde nicht rumschreit? Ist es ein Wunder, wenn das Essen im Mund und nicht auf dem Pullover landet? Die vorausgegangen elf Geschichten haben viele Fähigkeiten angesprochen, die die Kinder stark machen sollen: Mut, Ehrlichkeit, Empathie (Trösten), Angst bewältigen, Selbstwahrnehmung. Vieles werden einzelne Kinder vielleicht schon ganz gut beherrschen, anderes bedarf wahrscheinlich noch über viele Jahre viel Übung und Unterstützung, bevor man ein resilientes, starkes Verhalten feststellen kann. Viele Erzieherinnen und Erzieher, die ich in ihrer Arbeit erlebe, haben hohe Ziele und Ansprüche an ihre Arbeit, vor allem in Bezug auf die Vermittlung von Werten und sozialen Kompetenzen. Da ist die Enttäuschung oft groß, wenn sie merken, dass die Kinder und die Familien die oft gut gemeinten Ratschläge nicht umsetzen.

Von dieser Situation erzählt der biblische Bezug. Es geht um eine Hochzeit, auf der Jesus eingeladen ist. Alles ist vorbereitet. Der Tisch hübsch gedeckt, Essen zubereitet, Wein eingelagert und dann das: Es ist kein Wein mehr da. Wie peinlich! Nun hatte man doch alles getan, damit es ein schönes Fest wird und dann geht etwas schief. Wie viele Stunden hatte man damit verbracht, alles gut zu planen und zu organisieren. Da hilft nur noch ein Wunder. Das Wunder musste Jesus vollbringen. Er kann Dinge tun, die den Menschen unmöglich sind. Wie viele Stunden haben Sie damit verbracht, die Resi-Einheiten in ihrer Gruppe vorzubereiten und durchzuführen, immer mit dem Ziel, den Kindern etwas Gutes zu tun? Und nun das: Da sind Kinder, die sich kaum oder gar nicht verändert haben und die Spiele langweilig fanden. Einige Eltern fühlten sich eher belästigt von den ständigen Mitmachaktionen usw. Das Wunder der Veränderung können wir nicht leisten. Wir können anregen, begleiten und uns einbringen. Die Veränderung eines Kindes können wir aber durch unser Handeln nicht vollbringen, noch können wir durch unsere Tätigkeit einen Zeitpunkt bestimmen.

Resi lernt in der letzten Geschichte das Wort Wunder kennen und kann es nicht mit Inhalt füllen. Was ist bloß ein Wunder? Resis Mama erklärt ihr, dass ein Wunder etwas ist, was wir nicht erwarten, weil wir es für unmöglich halten. Resis Mama empfindet ihre Kinder als Wunder, weil jeden Tag wieder etwas passiert, womit sie nicht gerechnet hat. Resis Mama hat drei Wunder zu Hause. Wie viele haben Sie in ihrer Gruppe?

Vorbereitende Fragen

Gruppensituation:

Mit welchen Augen sehen Sie die Kinder?
Können Sie die Kinder als „wunderbar" wahrnehmen?

Persönliche Situation:

Stimmt es, was in dem Schlager gesungen wird: „Wunder gibt es immer wieder"?
Können Sie an Wunder glauben?

Handpuppengeschichte: Wunder über Wunder

Hallo da bin ich wieder! Schön euch zu sehen. Ich hoffe, es geht euch allen gut.
Wer von euch ist schon mal auf einer Hochzeit gewesen?
Ich bin am Wochenende auf einer gewesen und das was so wunderschön. Mamas Freundin, die Claudia, hat den Karsten geheiratet und wir Kinder durften alle mit dabei sein. Samstagmittag haben Mama, Tim, Tom und ich uns ganz hübsch angezogen. Mama hat uns extra neue Sachen gekauft. Mein Kleid war oben ganz weich, Mama sagt, den Stoff nennt man Samt, und unten war das Kleid ganz schön und lang. Tim und Tom sahen echt lustig aus. Die hatten so kleine Anzüge an, wie für große Männer, nur in ganz klein. Um den Hals hat Mama ihnen Fliegen gebunden. Also keine lebenden Fliegen, sondern welche aus Stoff, die ganz eng am Hals sitzen. Tim stolzierte durch unser Wohnzimmer und fühlte sich ganz groß, während Tom anfing zu weinen, weil die Fliege ihm in den Hals zwickte.
Als wir alle ganz schön angezogen waren, sind wir zur Kirche gefahren. Meine Brüder durften nicht durch die Kirche toben und Piraten spielen. Mama hat ganz streng gesagt, dass sie kein „Mann über Bord!" hören will mit dicken Beulen und heulenden Kindern.
In der Kirche waren ganz viele Leute mit wunderschönen Kleidern. Sowieso benannten die Großen an diesem Tag alles irgendwie mit „Wunder". Claudia hatte ein so wunderschönes Kleid an, Karsten wäre ein so wunderbarer Mann, der Pastor sprach von dem Wunder der Liebe, das Wetter wäre ein Wunder. Claudias Mama sagte ungefähr tausendmal: „Ist es nicht ein Wunder?" Alles so wunderbar! Wunderschönes Fest, wundervolles Restaurant, wunder-

bares Essen. Mir wurde schon ganz wunderlich vor lauter Wunder. An diesem Tag sind wir erst sehr spät nach Hause gekommen. Ehrlich gesagt habe ich gar nicht gemerkt, wie ich ins Bett gekommen bin. Meine Geschwister und ich sind im Auto eingeschlafen und Mama musste uns dann alle der Reihe nach ins Bett tragen. Am nächsten Morgen beim Frühstück sagte Mama auch das Wunderwort: „Ach Kinder, war es nicht eine wunderschöne Hochzeit?" Ich habe Mama gefragt, was denn überhaupt ein Wunder ist.

Wisst ihr, was ein Wunder ist? Habt ihr schon mal eins erlebt?

Mama sagte, dass fast alles, was auf der Hochzeit ein Wunder genannt wurde, gar kein Wunder gewesen ist. Das sagt man nur so wenn man etwas ganz toll findet und man sich besonders freut. So richtige Wunder hat Jesus gemacht. Ein Wunder ist nämlich etwas, womit du nicht rechnest, weil es dir ganz unmöglich erscheint, z. B. wenn ich jetzt an Eis denken würde und die Tür ginge auf und es käme ein Eismann rein. Das wäre ein Wunder!

So ein ähnliches Wunder hat Jesus mal gemacht. Mama hat erzählt, dass das erste Wunder, das Jesus getan hat, auf einer Hochzeit geschehen ist. Ist das nicht witzig? Vielleicht finden deshalb alle Menschen eine Hochzeit so wunderbar. Also auf der Hochzeit, auf der Jesus eingeladen war, war auf einmal der Wein alle. Und dann ist die Mutter von Jesus zu ihm gegangen und hat gesagt: „Jesus, wie peinlich, der Wein ist alle. Kannst du da nicht etwas unternehmen?" Und stellt euch vor, da hat Jesus aus Wasser Wein gemacht. Keiner weiß wie. Das ist ein Wunder! Das Brautpaar hat sich natürlich total gefreut. Mama hat gesagt, dass Jesus noch viele andere Wunder vollbracht hat. So nennt man das: vollbracht. Wunder tut man nicht, die vollbringt man. Besondere Taten brauchen besondere Worte, sagt meine Mama. Ich hab Mama dann gefragt, ob sie auch schon mal ein Wunder erlebt hätte, und wisst ihr, was sie geantwortet hat? Meine Mama hat drei Wunder, die nicht aufhören. Mama meinte, jedes Kind, das geboren wird, wäre ein Wunder, weil es von Gott ganz besonders gedacht ist. Jeden Tag erlebt Mama Dinge mit uns, die sie nicht für möglich gehalten hätte, deshalb wären wir richtige Wunder. Wenn jedes Kind ein Wunder ist, dann sind wir hier ja eine reine Wundertruppe. Das muss gefeiert werden.

Spiele

Gestalten Sie mit den Kindern ein Wunder-Fest. Fragen Sie zunächst, was für die Kinder wunderbar ist und was für das Fest wichtig wäre. Vielleicht gibt es jemanden der sagt, dass er die wunderbar-leckersten Muffins backen kann und ein Kind findet, zu dem Fest muss es wunderbare Musik geben. Gibt es wunderbare Spielvorschläge? Welche Kleiderordnung passt zum Wunderfest?

Wunderbare Bananen-Schoko- Muffins

Zutaten: 200g Mehl, 1 TL Backpulver, $1/2$ TL Natron, $1/4$ TL Zimt, 3 EL Kakaopulver, 1 Ei, 175g brauner Zucker, 100ml neutrales Öl, 125g Buttermilch, 3 mittelgroße reife Bananen
Für die Backform: Öl oder 12 Papierbackförmchen
Für die Verzierung: ca. 90 große Smarties
Backzeit: 20 – 25 min/Umluft ca.160°C
Zubereitung: Backofen vorheizen. Trockene und feuchte Zutaten (Bananen mit einer Gabel zermusen) getrennt voneinander vermischen Erst ganz zum Schluss alles miteinander verrühren.

Instrumente bauen

Schellenhandschuh
Material: Handschuh, mehrere Schellenglöckchen
Die Schellen auf den Handschuhrücken und Fingern aufnähen.

Dosenrasseln

Material: leere Dosen: Teedosen, Hustenpastillendosen, Zigarrendosen (lang und dünn, liegen gut in der Hand!)
Füllmaterial: Reis, Bohnen, Kieselsteine
Dose befüllen, gut verschließen, evt. mit Kraftkleber verkleben!

Kleine Handtrommel

Material: 1 Holzspanschachtel mit Deckel (in einzelnen Geschäften gibt es noch Käse in Holzschachteln, ansonsten Dosen im Bastelbedarf kaufen), 1 ca. 20 cm langer (Rundholz-) Stab, 2 Perlen, 2 Schnüre (oder festes Garn), Transparentpapier-Schnipsel in verschiedenen Farben, Kleister, Heißklebepistole

So geht's: Von der Holzspanschachtel den Deckel abnehmen, beide Hälften mit Kleister bepinseln und mit den bunten Transparentpapierschnipseln verzieren. Ist die Spanschachtel trocken, werden die Perlen, die man zuvor an ca. 5 cm lange Schnüre gebunden hat, links und rechts an einer Seite der Spanschachtel geklebt. Die Schnüre sollten nicht zu dick sein, damit die Schachtel dann auch noch zugemacht werden kann. Bevor man die Schachtel mit den Deckel schließt, auf den Rand noch etwas Kleber geben, damit sie nicht wieder aufgeht. Klebt die Schachtel schon richtig gut zusammen, wird unten vorsichtig ein Loch gebohrt, durch das der Holzstab passt – mit Heißkleber den Stab gut festkleben. Hält alles gut fest, nimmt man die Stäbe zwischen beide Handflächen und rollt ihn hin und her. Durch diese Bewegung klopfen die Perlen vorne und hinten auf die Holzschachtel.

Der Wunderteppich

Eine Geschichte zum Ausruhen nach wilden Spielen und Tänzen
Alle Kinder liegen auf dem Boden und schließen ihre Augen. Die Spielleitung erzählt nun:
„Stell dir vor, du liegst auf einem Teppich. Es ist kein gewöhnlicher Teppich, es ist ein Wunderteppich, der dich zu deinem Wunder bringen kann. *(Pause)* Der Teppich ist warm und weich. *(Pause)* Er sieht wunderschön aus. *(Pause)* Langsam steigst du auf deinem Teppich empor. Erst ein paar Zentimeter, dann höher und höher. *(Pause)* Der Teppich trägt dich sicher. Du fühlst dich leicht und alles unter dir ist klein und winzig. *(Pause)* Du liegst und siehst dir all das an. Da siehst du es, das Wunder. Es ist ein besonderes Wunder, nur du kannst es sehen. Siehst du, was es ist? *(Pause)* Du lässt den Teppich auf die Erde sinken und gehst zu deinem Wunder. *(Pause)* Vielleicht ist es ganz groß oder eher klein *(Pause)*. Du betrachtest dein Wunder ganz genau. Gehst drum herum und merkst dir jede Kleinigkeit *(Pause)* Du genießt dein Wunder. *(Pause)* Nun steigst du auf deinen Teppich und fliegst zurück. (Pause) Das Bild von deinem Wunder wird immer kleiner, aber du weißt immer noch genau wie es aussieht. *(Pause)* Nun landest du sanft und sicher. Du rollst den Teppich zusammen und bringst ihn an einen sicheren Ort, damit du ihn immer wieder herausnehmen und losfliegen kannst. *(Pause)* Jetzt aber bist du hier bei uns und gleich wirst du aufstehen. *(Pause)*"

Wunderbild

Nach der Traumreise dürfen die Kinder ihr Wunder malen. Dabei ist nichts unmöglich. Wenn alle fertig sind, dürfen die Kinder sich gegenseitig erzählen, wie ihr Wunder aussieht. Die Bilder werden dann im Gruppenraum aufgehängt. Je nachdem, welches Wunder sich die Kinder wünschen, ist evtl. auch ein Elterngespräch notwendig.

Anhang

Kopiervorlage Trau dich - Blume

Auf buntes Papier kopieren oder von den Kindern anmalen lassen

Beispiel Blume:

Kopiervorlage:

ICH TRAU MICH!

Eltern- und Erzieherfragebogen

Viele Kindertagesstätten haben bereits Beobachtungsbögen, die regelmäßig in den Gruppen eingesetzt werden. Dieser Fragebogen schaut speziell auf die Basiskompetenzen der Kinder. So kann ein Unterstützungsbedarf erkannt und evtl. Fördermöglichkeiten erwogen werden.

Name des Kindes: _____

Name der Erzieherin/Einrichtung: _____

	Ja	Nein	Gelegentlich	Bemerkungen
Selbstständigkeit				
– Benötigt Unterstützung beim An/Ausziehen (Knöpfe, Schleifen binden).				
– Hat Schwierigkeiten die eigenen Sachen (Rucksack, Kleidung) allein zu ordnen.				
– Übernimmt ungern kleine Aufträge (Tisch decken, kleine Botengänge).				
– Verspielt sich manchmal und nässt dann ein.				
Anstrengungsbereitschaft:				
– Übt ungern Tänze/ Theaterstücke/ Gedichte ein.				

	Ja	Nein	Gele-gentlich	Bemer-kungen

– Empfindet Spazier-
  gänge/ Ausflüge als
  anstrengend.
– Empfindet themen-
  spezifische Projekte
  (Jahreszeiten, Apfel) als
  langweilig.

Sozialverhalten:
– Streitet hart mit anderen
  Kindern ohne Lösung.
– Das Kind löst Konflikte
  allein.
– Zeigt wenig Mitgefühl.
– Wird oft, anscheinend
  ohne Grund, wütend.
– Kann schlecht abgeben.

Gruppenfähigkeit:
– Kann schlecht warten bis
  es an der Reihe ist.
– Steht z. B. während der
  Mahlzeiten/des Mor-
  genkreises oft auf und
  geht umher.
– Spielt gerne alleine.
– Ist oft sauer/aggressiv
  und verdirbt anderen
  das Spiel.

Regelbewusstsein:
– Spielt ungern Brettspiele.

	Ja	Nein	Gele-gentlich	Bemer-kungen
– Gruppenregeln werden oft nicht befolgt.				
– Hat sich eigene „Regeln" entworfen. (Wenn alle sitzen, steht es auf.)				

Wie geht es mit Regeln um?
- Hält sich dran,
- verändert sie,
- versteht sie,
- ist fixiert auf Regeln.

Selbstvertrauen:
- Traut sich wenig Neues zu (z. B. Aufgaben, neue Spiele).
- Hat Probleme damit, für die eigenen Bedürfnisse/Wünsche einzustehen.
- Lässt sich von Misserfolg schnell entmutigen. Wagt keinen zweiten Versuch.

Selbstwertgefühl:
- Achtet nicht auf die Grenzen anderer Kinder.
- Kann die eigenen Gefühle/ Befindlichkeiten schlecht benennen.

	Ja	Nein	Gele-gentlich	Bemer-kungen

- Sagt oft: „Ist egal!" oder „Weiß nicht."
- Äußert Wünsche nur nach Aufforderung.
- Hat keine Pläne für die Zukunft.
- Mama/ Papa sind seine Vorbilder.

Experimentierfreudigkeit:
- Bastelt, baut und/oder experimentiert ungern.

Neugierverhalten:
- Zeigt wenig Interesse an neuen Dingen.
- Hat wenig Interesse, den Dingen auf den Grund zu gehen.
- Zeigt wenig Engagement bei der Gestaltung von Ausflügen z. B. in die Natur.

Konzentrationsfähigkeit:
- Wechselt oft die Spiele.
- Hört sich Anweisungen nicht bis zum Schluss an.
- Spielt Brettspiele nicht zu Ende.

Stärken und Vorlieben:
Was macht/ mag/kann das Kind besonders gut?

_____

_____

Besonderheiten Anmerkungen und Wünsche

_____

_____

Dieser Fragebogen ist in Zusammenarbeit mit Mitarbeiterinnen des Gesundheits- und Umweltamtes Hamburg-Nord und der Autorin entstanden.

Kopiervorlage: Stammbaum

Ich

Name: _____

Geburtstag: _____

Was ich an ihr/ihm mag: _____

Was sie/er besonders gut kann: _____

Mutter

Name: _____

Geburtstag: _____

Was ich an ihr/ihm mag: _____

Was sie/er besonders gut kann: _____

Vater

Name: _____

Geburtstag: _____

Was ich an ihr/ihm mag: _____

Was sie/er besonders gut kann: _____

Schwester

Name: _____

Geburtstag: _____

Was ich an ihr/ihm mag: _____

Was sie/er besonders gut kann: _____

Bruder

Name: _____

Geburtstag: _____

Was ich an ihr/ihm mag: _____

Was sie/er besonders gut kann: _____

Stiefschwester

Name: _____

Geburtstag:_____

Was ich an ihr/ihm mag: _____

Was sie/er besonders gut kann: _____

Stiefbruder

Name: _____

Geburtstag:_____

Was ich an ihr/ihm mag: _____

Was sie/er besonders gut kann: _____

Halbbruder

Name: _____

Geburtstag:_____

Was ich an ihr/ihm mag: _____

Was sie/er besonders gut kann: _____

Halbschwester

Name: _____

Geburtstag:_____

Was ich an ihr/ihm mag: _____

Was sie/er besonders gut kann: _____

Oma

Name: _____

Geburtstag:_____

Was ich an ihr/ihm mag: _____

Was sie/er besonders gut kann: _____

Opa

Name: _____

Geburtstag: _____

Was ich an ihr/ihm mag: _____

Was sie/er besonders gut kann: _____

Tante

Name: _____

Geburtstag: _____

Was ich an ihr/ihm mag: _____

Was sie/er besonders gut kann: _____

Stiefmutter

Name: _____

Geburtstag: _____

Was ich an ihr/ihm mag: _____

Was sie/er besonders gut kann: _____

Stiefvater

Name: _____

Geburtstag: _____

Was ich an ihr/ihm mag: _____

Was sie/er besonders gut kann: _____

Onkel

Name: _____

Geburtstag: _____

Was ich an ihr/ihm mag: _____

Was sie/er besonders gut kann: _____

Gefühlsgesichter für den Gefühlswürfel

Kerstin Klappstein,
Jahrgang 1969, verheiratet, zwei Kinder, Dipl.- Gesundheitswissen-
schaftlerin, Systemische Familientherapeutin, seit 2006 als Familientherapeutin in einer Tagesklinik für Kinder- und Jugendpsychia-
trie in Heide tätig.
Lehraufträge für verschiedene Hochschulen und Weiterbildungs-
träger in den Bereichen: Gesundheitsförderung, Gesundheitskon-
zepte, Salutogenese u. a.
Projekte im Bereich „Gesundheitsförderung für Familien" in Ko-
operation mit unterschiedlichen Verbänden und Kirchengemein-
den.
Forschungstätigkeit an der Hochschule für angewandte Wissen-
schaften in Hamburg zum Thema „Resilienzförderung im Kindergarten".

Ulrich Walter

Religion im Kindergartenallltag

Impulse und Ideen für die Praxis
Paperback, 184 Seiten
mit vielen s/w-Abbildungen
1. Auflage 2007

ISBN 3-978-3-7975-0153-0

Claudia Kümmerle / Jonathan Böttcher

Mit Gottes Segen durch das Jahr

Spiellieder zu biblischen Geschichten
12 komplette Entwürfe für die Praxis
Im Kindergarten von Gott erzählen
Paperback, 140 Seiten
mit zahlr. s/w-Fotos und Illustrationen
1. Auflage 2007
ISBN 3-978-3-7975-0165-3